Beethoven

von

Richard Wagner.

Travis & Emery Music Bookshop

Richard Wagner

Beethoven.

Facsimile of the Leipzig 1870 edition.

Republished Travis & Emery 2010.

Published by
Travis & Emery Music Bookshop
17 Cecil Court, London, WC2N 4EZ, United Kingdom.
(+44) 20 7240 2129
neworders@travis-and-emery.com

Hardback: 978-1-84955-084-0
Paperback: 978-1-84955-085-7

Beethoven

von

Richard Wagner.

Leipzig,

Verlag von E. W. Fritzsch.

1870.

Vorwort.

Der Verfasser der vorliegenden Arbeit fühlte sich gedrungen, auch seinerseits zur Feier des hundertjährigen Geburtstages unseres großen Beethoven beizutragen, und wählte, da ihm hierzu keine andere, dieser Feier ihm würdig dünkende Veranlassung geboten war, eine schriftliche Ausführung seiner Gedanken über die Bedeutung der Beethoven'schen Musik, wie sie ihm aufgegangen. Die Form der hieraus entstandenen Abhandlung kam ihm durch die Vorstellung an, er sei zur Abhaltung einer Festrede bei einer idealen Feier des großen Musikers berufen, wobei ihm, da in Wirklichkeit diese Rede nicht zu halten war, für die Darlegung seiner Gedanken der Vortheil einer größeren Ausführlichkeit zu gut kam, als diese bei einem Vortrage vor einem wirklichen Auditorium erlaubt gewesen wäre. Es ward ihm hierdurch möglich, den Leser durch eine tiefer gehende Untersuchung des Wesens der Musik zu geleiten, und dem Nachdenken des ernstlich Gebildeten auf diesem Wege einen Beitrag zur Philosophie der Musik zu liefern, als welcher die vorliegende Arbeit einerseits angesehen werden möge, während andrerseits die Annahme, sie werde wirklich an einem bestimmten Tage dieses so ungemein bedeutungsvollen Jahres vor einer deutschen Zuhörerschaft als Rede vorgetragen, eine warme Bezugnahme auf die erhebenden Ereignisse dieser Zeit nahe legte. Wie es dem Verfasser möglich war, unter den unmittelbaren Eindrücken dieser Ereignisse seine Arbeit zu entwerfen und auszuführen, möge sie demnach sich auch dieses Vortheils erfreuen, der größeren Erregung deutschen Gemüthes auch eine innigere Berührung mit der Tiefe des deutschen Geistes ermöglicht zu haben, als im gewöhnlichen nationalen Dahinleben dieß gelingen dürfte.

Luzern, September 1870.

Muß es schwierig dünken, über das wahre Verhältniß eines großen Künstlers zu seiner Nation einen befriedigenden Aufschluß zu geben, so steigert sich die Schwierigkeit dieser Aufgabe für den Besonnenen im allerhöchsten Grade, sobald nicht vom Dichter oder Bildner, sondern vom Musiker die Rede sein soll.

Daß der Dichter und der Bildner darin, wie beide die Begeben=heiten oder die Formen der Welt auffassen, zunächst von der Beson=derheit der Nation, welcher sie angehören, bestimmt werden, ist bei ihrer Beurtheilung wohl stets in das Auge gefaßt worden. Wenn bei dem Dichter sogleich die Sprache, in welcher er schreibt, als be=stimmend für die von ihm kundzugebenden Anschauungen hervortritt, so springt die Natur seines Landes und seines Volkes als maaßgebend für die Form und die Farbe des Bildners gewiß nicht minder bedeu=tend in das Auge. Weder durch die Sprache, noch auch durch irgend welche Form der dem Auge wahrnehmbaren Gestalt seines Landes und Volkes hängt der Musiker mit diesen zusammen. Man nimmt daher an, die Tonsprache gehöre der ganzen Menschheit gleichmäßig zu, und die Melodie sei die absolute Sprache, durch welche der Musiker zu jedem Herzen rede. Bei näherer Prüfung erkennen wir nun wohl, daß von einer deutschen Musik, im Unterschiede von einer italienischen, sehr wohl die Rede sein könne, und für diesen Unter=schied darf noch ein physiologischer nationaler Zug in Betracht ge=

Wagner, Beethoven.　　　　　　　　　　　　　　　　1

nommen werden, nämlich die große Begünstigung des Italieners für den Gesang, welche diesen für die Ausbildung seiner Musik eben so bestimmt habe, als der Deutsche durch Entbehrung in diesem Punkte auf sein besonderes, ihm eigenes Tongebiet gedrängt worden wäre. Da dieser Unterschied das Wesentliche der Tonsprache aber gar nicht berührt, sondern jede Melodie, sei sie italienischen oder deutschen Ursprunges, gleichmäßig verstanden wird, so kann dieses, zunächst doch wohl nur als ein ganz äußerlich aufzufassendes Moment, nicht von dem gleichen bestimmenden Einflusse gedacht werden, als wie die Sprache für den Dichter, oder die physiognomische Beschaffenheit seines Landes für den Bildner: denn auch in diesen sind jene äußerlichen Unterschiede als Natur=Begünstigungen oder Vernachlässigungen wieder zu erkennen, ohne daß wir ihnen eine Geltung für den geistigen Gehalt des künstlerischen Organismus beilegen.

Der Zug der Eigenthümlichkeit, durch welchen der Musiker seiner Nation als angehörig erkannt wird, muß jedenfalls tiefer begründet liegen, als der, durch welchen wir Göthe und Schiller als Deutsche, Rubens und Rembrandt als Niederländer erkennen, wenngleich wir diesen und jenen endlich wohl aus dem gleichen Grunde entstammt annehmen müssen. Diesem Grunde näher nachzuforschen dürfte gerade so anziehend sein, als dem Wesen der Musik selbst tiefer auf den Grund zu gehen. Was auf dem Wege der dialektischen Behandlung bisher noch als unerreichbar hat gelten müssen, möchte dagegen leichter sich unsrem Urtheil erschließen, wenn wir uns die bestimmtere Aufgabe einer Untersuchung des Zusammenhanges des großen Musikers, dessen hundertjährige Geburtsfeier wir zu begehen im Begriffe sind, mit der deutschen Nation stellen, welche eben jetzt so ernste Prüfungen ihres Werthes einging.

Fragen wir uns zunächst nach diesem Zusammenhange im äußeren Sinne, so dürfte es bereits nicht leicht sein einer Täuschung durch den Anschein zu entgehen. Wenn es schon so schwer fällt einen Dichter sich zu erklären, daß wir von einem berühmten deutschen Littera-

turhiſtoriker die allerthörigſten Behauptungen über den Entwicklungs=
gang des Shakespeare'ſchen Genius uns gefallen laſſen mußten, ſo
haben wir uns nicht zu verwundern, wenn wir auf noch größere
Abirrungen treffen, ſobald in ähnlicher Weiſe ein Muſiker wie
Beethoven zum Gegenſtande genommen wird. Mit größerer
Sicherheit iſt es uns vergönnt, in den Entwicklungsgang Göthe's
und Schiller's zu blicken; denn aus ihren bewußten Mittheilungen
ſind uns deutliche Angaben verblieben: auch dieſe decken uns aber
nur den Gang ihrer äſthetiſchen Bildung, welcher ihr Kunſtſchaffen
mehr begleitete als leitete, auf; über die realen Unterlagen deſſelben,
namentlich über die Wahl der dichteriſchen Stoffe, erfahren wir
eigentlich nur, daß hier auffallend mehr Zufall als Abſicht waltete;
eine wirkliche, mit dem Gange der äußeren Welt= oder Volksgeſchichte
zuſammenhängende Tendenz läßt ſich dabei am allerwenigſten erken=
nen. Auch über die Einwirkung ganz perſönlicher Lebenseindrücke
auf die Wahl und Bildung ihrer Stoffe hat man bei dieſen Dichtern
nur mit der größten Behutſamkeit zu ſchließen, um es ſich nicht entgehen
zu laſſen, daß dieſe nie unmittelbar, ſondern nur in einem Sinne
mittelbar ſich äußerte, welche allen ſicheren Nachweis ihres Einfluſſes
auf die eigentliche dichteriſche Geſtaltung unſtatthaft macht. Dagegen
erkennen wir aus unſren Forſchungen in dieſem Betreff gerade dieſes
Eine mit Sicherheit, daß ein in dieſer Weiſe wahrnehmbarer Ent=
wickelungsgang nur deutſchen Dichtern, und zwar den großen Dich=
tern jener edlen Periode der deutſchen Wiedergeburt zu eigen ſein
konnte.

Was wäre nun aber aus den uns aufbewahrten Briefen
Beethoven's, und den ganz ungemein dürftigen Nachrichten über
die äußeren Vorgänge, oder gar die inneren Beziehungen des Lebens
unſeres großen Muſikers, auf deren Zuſammenhang mit ſeinen Ton=
ſchöpfungen und den darin wahrnehmbaren Entwicklungsgang zu
ſchließen? Wenn wir alle nur möglichen Angaben über bewußte
Vorgänge in dieſem Bezug bis zu mikroskopiſcher Deutlichkeit be=

säßen, könnten sie nichts Bestimmteres liefern, als was uns andrer=
seits in der Nachricht vorliegt, daß der Meister die „Sinfonia eroica"
anfangs als eine Huldigung für den jungen General Bonaparte ent=
worfen und mit dessen Namen auf dem Titelblatte bezeichnet hatte, diesen
Namen aber später ausstrich, als er erfuhr Bonaparte habe sich zum
Kaiser gemacht. Nie hat einer unserer Dichter eines seiner allerbe=
deutendsten Werke im Betreff der damit verbundenen Tendenz mit
solcher Bestimmtheit bezeichnet: und was entnehmen wir dieser so
deutlichen Notiz für die Beurtheilung eines der wunderbarsten aller
Tonwerke? Können wir uns aus ihr auch nur einen Takt dieser Par=
titur erklären? Muß es uns nicht als reiner Wahnwitz erscheinen,
auch nur den Versuch zu einer solchen Erklärung ernstlich zu wagen?

Ich glaube, das Sicherste, was wir über den Menschen
Beethoven erfahren können, wird im allerbesten Falle zu dem
Musiker Beethoven in dem gleichen Verhältnisse stehen, wie der
General Bonaparte zu der „Sinfonia eroica." Von dieser Seite des
Bewußtseins betrachtet muß uns der große Musiker stets ein voll=
kommenes Geheimniß bleiben. Um dieses in seiner Weise zu lösen
muß jedenfalls ein ganz anderer Weg eingeschlagen werden, als der,
auf welchem es möglich ist, wenigstens bis auf einen gewissen Punkt
dem Schaffen Göthe's und Schiller's zu folgen: auch dieser Punkt
wird sich gerade an der Stelle verwischen, wo dieses Schaffen aus
einem bewußten in ein unbewußtes übergeht, d. h. wo der Dichter
die ästhetische Form nicht mehr bestimmt, sondern diese aus seiner
inneren Anschauung der Idee selbst bestimmt wird. Gerade aber in
dieser Anschauung der Idee liegt wiederum die gänzliche Verschieden=
heit des Dichters vom Musiker begründet; und um zu einiger Klar=
heit hierüber zu gelangen, haben wir uns zuvörderst einer tiefer ein=
gehenden Untersuchung des berührten Problem's zuzuwenden. —

Sehr ersichtlich tritt die hier gemeinte Diversität beim Bildner
hervor, wenn wir ihn mit dem Musiker zusammenhalten, zwischen
welchen beiden der Dichter in der Weise in der Mitte steht, daß er

mit seinem bewußten Gestalten sich dem Bildner zuneigt, während er
auf dem dunklen Boden seines Unbewußtseins sich mit dem Musiker
berührt. Bei Göthe war die bewußte Neigung zur bildenden Kunst
so stark, daß er in einer wichtigen Periode seines Lebens sich gerades=
wegs für ihre Ausübung bestimmt halten wollte, und in einem ge=
wissen Sinne Zeit seines Lebens sein dichterisches Schaffen als eine
Art von Auskunftsbestrebung zum Ersatz für eine verfehlte Maler=
laufbahn ansehen mochte: er war mit seinem Bewußtsein ein durch=
aus der anschaulichen Welt zugewendeter schöner Geist. Schiller
war dagegen ungleich stärker von der Erforschung des der Anschauung
gänzlich abliegenden Unterbodens des inneren Bewußtseins ange=
zogen, dieses „Dinges an sich" der Kantischen Philosophie, deren
Studium in der Hauptperiode seiner höheren Entwickelung ihn
gänzlich einnahm. Der Punkt der andauernden Begegnung beider
großer Geister lag genau da, wo von beiden Extremen her eben der
Dichter auf sein Selbstbewußtsein trifft. Beide begegneten sich auch
in der Ahnung vom Wesen der Musik; nur war diese Ahnung
bei Schiller von einer tieferen Ansicht begleitet, als bei Göthe,
welcher in ihr, seiner ganzen Tendenz entsprechend, mehr nur das
gefällige, plastisch symmetrische Element der Kunstmusik erfaßte,
durch welches die Tonkunst analogisch wiederum mit der Architektur
eine Aehnlichkeit aufweist. Tiefer faßte Schiller das hier berührte
Problem mit dem Urtheile auf, welchem Göthe ebenfalls zustimmte,
und durch welches dahin entschieden ward, daß das Epos der Plastik,
das Drama dagegen der Musik sich zuneige. Mit unserem voranstehen=
den Urtheil über beide Dichter stimmt nun auch das überein, daß
Schiller im eigentlichen Drama glücklicher war als Göthe, wogegen
dieser dem epischen Gestalten mit unverkennbarer Vorliebe nachhing.

Mit philosophischer Klarheit hat aber erst Schopenhauer
die Stellung der Musik zu den anderen schönen Künsten erkannt und
bezeichnet, indem er ihr eine von derjenigen der bildenden und
dichtenden Kunst gänzlich verschiedene Natur zuspricht. Er geht hier=

bei von der Verwunderung darüber aus, daß von der Musik eine
Sprache geredet werde, welche ganz unmittelbar von Jedem zu
verstehen sei, da es hierzu gar keiner Vermittelung durch Begriffe
bedürfe, wodurch sie sich zunächst eben vollständig von der Poesie
unterscheide, deren einziges Material die Begriffe, vermöge ihrer
Verwendung zur Veranschaulichung der Idee seien. Nach der so
einleuchtenden Definition des Philosophen sind nämlich die Ideen
der Welt und ihrer wesentlichen Erscheinungen, im Sinne des
Platon aufgefaßt, das Objekt der schönen Künste überhaupt; während
der Dichter diese Ideen durch eine, eben nur seiner Kunst eigenthümliche Verwendung der an sich rationalen Begriffe, dem anschauenden Bewußtsein verdeutlicht, glaubt Schopenhauer in der
Musik aber selbst eine Idee der Welt erkennen zu müssen,
da derjenige, welcher sie gänzlich in Begriffen verdeutlichen könnte,
sich zugleich eine die Welt erklärende Philosophie vorgeführt haben
würde. Stellt Schopenhauer diese hypothetische Erklärung der
Musik, da sie durch Begriffe nicht eigentlich zu verdeutlichen sei, als
Paradoxon hin, so liefert er andrerseits jedoch auch das einzig aus-
giebige Material zu einer weiter gehenden Beleuchtung der Richtigkeit
seiner tiefsinnigen Erklärung, zu welcher selbst er sich vielleicht nur
aus dem Grunde nicht näher anließ, weil er der Musik als Laie
nicht mächtig und vertraut genug war, und außerdem seine Kenntniß
von ihr sich noch nicht bestimmt genug auf ein Verständniß eben
desjenigen Musikers beziehen konnte, dessen Werke der Welt erst
jenes tiefste Geheimniß der Musik erschlossen haben; denn gerade ist
auch Beethoven nicht erschöpfend zu beurtheilen, wenn nicht jenes
von Schopenhauer hingestellte tiefsinnige Paradoxon für die
philosophische Erkenntniß richtig erklärt und gelöst wird. —

In der Benutzung dieses vom Philosophen uns zugestellten
Materials glaube ich am zweckmäßigsten zu verfahren, wenn ich zunächst an eine seiner Bemerkungen anknüpfe, mit welcher Schopenhauer die aus der Erkenntniß der Relationen hervorgegangene Idee

noch nicht als das Wesen des Dinges an sich angesehen wissen will, sondern erst als die Offenbarung des objektiven Charakters der Dinge, also immer nur noch ihrer Erscheinung. „Und selbst diesen Charakter" — so fährt Schopenhauer an der betreffenden Stelle fort — „würden wir nicht verstehen, wenn uns nicht das innere Wesen der Dinge, wenigstens undeutlich und im Gefühl, anderweitig bekannt wäre. Dieses Wesen selbst nämlich kann nicht aus den Ideen und überhaupt nicht durch irgend eine bloß objektive Erkenntniß verstanden werden; daher es ewig ein Geheimniß bleiben würde, wenn wir nicht von einer ganz andern Seite den Zugang dazu hätten. Nur sofern jedes Erkennende zugleich Individuum, und dadurch Theil der Natur ist, steht ihm der Zugang zum Innern der Natur offen, in seinem eigenen Selbstbewußtsein, als wo dasselbe sich am unmittelbarsten und alsdann als Wille sich kund giebt."*)

Halten wir nun hierzu, was Schopenhauer als Bedingung für den Eintritt der Idee in unser Bewußtsein fordert, nämlich „ein temporäres Ueberwiegen des Intellektes über den Willen, oder physiologisch betrachtet, eine starke Erregung der anschauenden Gehirnthätigkeit, ohne alle Erregung der Neigungen oder Affekte," so haben wir nur noch die unmittelbar diesem folgende Erläuterung hiervon scharf zu erfassen, daß unser Bewußtsein zwei Seiten habe: theils nämlich sei dieses ein Bewußtsein vom eigenen Selbst, welches der Wille ist; theils ein Bewußtsein von anderen Dingen, und als solches zunächst anschauende Erkenntniß der Außenwelt, Auffassung der Objekte. „Je mehr nun die eine Seite des gesammten Bewußtseins hervortritt, desto mehr weicht die andere zurück."—**)

Aus einer genauen Betrachtung des hier aus dem Hauptwerke Schopenhauers Angeführten muß es uns jetzt ersichtlich werden, daß die musikalische Conzeption, da sie nichts mit der Auffassung einer Idee gemein haben kann, (denn diese ist durchaus an die anschauende

*) „Die Welt als Wille und Vorstellung." II. 415.
**) A. g. O. 418.

Erkenntniß der Welt gebunden,) nur in jener Seite des Bewußtseins ihren Ursprung haben kann, welche Schopenhauer als dem Innern zugekehrt bezeichnet. Soll diese zum Vortheil des Eintrittes des rein erkennenden Subjektes in seine Funktionen (d. h. die Auffassung der Ideen) temporär gänzlich zurücktreten, so ergiebt sich andererseits, daß nur aus dieser nach innen gewendeten Seite des Bewußtseins die Fähigkeit des Intellektes zur Auffassung des Charakters der Dinge erklärlich wird. Ist dieses Bewußtsein aber das Bewußtsein des eigenen Selbst, also des Willens, so muß angenommen werden, daß die Niederhaltung desselben wohl für die Reinheit des nach außen gewendeten anschauenden Bewußtseins unerläßlich ist, daß aber das diesem anschauenden Erkennen unerfaßliche Wesen des Dinges an sich nur diesem nach innen gewendeten Bewußtsein er= möglicht sein würde, wenn dieses zu der Fähigkeit gelangte, nach innen so hell zu sehen, als jenes im anschauenden Erkennen beim Erfassen der Ideen es nach außen vermag.

Auch für das Weitergehen auf diesem Wege gibt uns Schopen= hauer die rechte Führung durch seine hiermit verbundene tiefsinnige Hypothese im Betreff des physiologischen Phänomens des Hellsehens und seine hierauf begründete Traumtheorie. Gelangt in jenem Phänomen nämlich das nach innen gekehrte Bewußtsein zu wirklicher Hellsichtigkeit, d. h. zu dem Vermögen des Sehens dort, wo unser wachendes, dem Tage zugekehrtes Bewußtsein nur den mächtigen Grund unserer Willensaffekte dunkel empfindet, so dringt aus dieser Nacht aber auch der Ton in die wirklich wache Wahrnehmung, als unmittelbare Aeußerung des Willens. Wie der Traum es jeder Erfahrung bestätigt, steht der, vermöge der Funktionen des wachen Gehirns angeschauten Welt, eine zweite, dieser an Deutlichkeit ganz gleichkommende, nicht minder als anschaulich sich kundgebende Welt zur Seite, welche als Objekt jedenfalls nicht außer uns liegen kann, demnach von einer nach innen gerichteten Funktion des Gehirnes unter nur diesem eigenen Formen der Wahrnehmung, welche hier

Schopenhauer eben das Traumorgan nennt, dem Bewußtsein zur
Erkenntniß gebracht werden muß. Eine nicht minder bestimmte Erfahrung ist nun aber diese, daß neben der, im Wachen wie im
Traume als sichtbar sich darstellenden Welt, eine zweite, nur durch
das Gehör wahrnehmbare, durch den Schall sich kundgebende Welt,
also recht eigentlich eine Schallwelt neben der Lichtwelt, für
unser Bewußtsein vorhanden ist, von welcher wir sagen können, sie
verhalte sich zu dieser wie der Traum zum Wachen: sie ist uns nämlich ganz so deutlich wie jene, wenngleich wir sie als gänzlich verschieden von ihr erkennen müssen. Wie die anschauliche Welt des
Traumes doch nur durch eine besondere Thätigkeit des Gehirns sich
bilden kann, tritt auch die Musik nur durch eine ähnliche Gehirnthätigkeit in unser Bewußtsein; allein diese ist von der durch das
Sehen geleiteten Thätigkeit gerade so verschieden, als jenes Traumorgan des Gehirns von der Funktion des im Wachen durch äußere
Eindrücke angeregten Gehirns sich unterscheidet.

Da das Traumorgan durch äußere Eindrücke, gegen welche das
Gehirn jetzt gänzlich verschlossen ist, nicht zur Thätigkeit angeregt
werden kann, so muß dies durch Vorgänge im inneren Organismus
geschehen, welche unsrem wachen Bewußtsein sich nur als dunkle Gefühle andeuten. Dieses innere Leben ist es nun aber, durch welches
wir der ganzen Natur unmittelbar verwandt, somit des Wesens
der Dinge in einer Weise theilhaftig sind, daß auf unsre Relationen
zu ihm die Formen der äußeren Erkenntniß, Zeit und Raum, keine
Anwendung mehr finden können; woraus Schopenhauer so über-
zeugend auf die Entstehung der vorausverkündenden, oder das
Fernste wahrnehmbar machenden, fatidiken Träume, ja für seltene,
äußerste Fälle den Eintritt der somnambulen Hellsichtigkeit schließt.
Aus den beängstigendsten solcher Träume erwachen wir mit einem
Schrei, in welchem sich ganz unmittelbar der geängstigte Wille
ausdrückt, welcher sonach durch den Schrei mit Bestimmtheit zu aller-
nächst in die Schallwelt eintritt, um nach außen hin sich kund zu

geben. Wollen wir nun den Schrei, in allen Abschwächungen seiner Heftigkeit bis zur zarteren Klage des Verlangens, uns als das Grundelement jeder menschlichen Kundgebung an das Gehör denken, und müssen wir finden, daß er die allerunmittelbarste Aeußerung des Willens ist, durch welche er sich am schnellsten und sichersten nach außen wendet, so dürfen wir uns weniger über dessen unmittelbare Verständlichkeit, als über die Entstehung einer Kunst aus diesem Elemente verwundern, da andrerseits ersichtlich ist, daß sowohl künstlerisches Schaffen als künstlerische Anschauung nur aus der Abwendung des Bewußtseins von den Erregungen des Willens hervorgehen kann.

Um dieses Wunder zu erklären, erinnern wir uns hier zunächst wieder der oben angeführten tiefsinnigen Bemerkung unsres Philosophen, daß wir auch die, ihrer Natur nach nur durch willenfreie, d. h. objective Anschauung erfaßbaren Ideen selbst nicht verstehen würden, wenn wir nicht zu dem ihnen zum Grunde liegenden Wesen der Dinge einen anderen Zugang, nämlich das unmittelbare Bewußtsein von uns selbst, offen hätten. Durch dieses Bewußtsein sind wir nämlich einzig auch befähigt, das wiederum innere Wesen der Dinge außer uns zu verstehen, und zwar so, daß wir in ihnen dasselbe Grundwesen wieder erkennen, welches im Bewußtsein von uns selbst als unser eigenes sich kund giebt. Alle Täuschung hierüber ging eben nur aus dem Sehen einer Welt außer uns hervor, welche wir im Scheine des Lichtes als etwas von uns gänzlich verschiedenes wahrnahmen: erst durch das (geistige) Erschauen der Ideen, also durch weite Vermittelung gelangen wir zu einer nächsten Stufe der Enttäuschung hierüber, indem wir jetzt nicht mehr die einzelnen, zeitlich und räumlich getrennten Dinge, sondern ihren Charakter an sich erkennen; und am deutlichsten spricht dieser aus den Werken der bildenden Kunst zu uns, deren eigentliches Element es daher ist, den täuschenden Schein der durch das Licht vor uns ausgebreiteten Welt, vermöge eines höchst besonnenen Spieles mit diesem Scheine,

zur Kundgebung der von ihm verhüllten Idee derselben zu verwenden. Dem entspricht denn auch, daß das Sehen der Gegenstände an
sich uns kalt und theilnahmslos läßt, und erst aus dem Gewahrwerden der Beziehungen der gesehenen Objekte zu unsrem Willen
uns Erregungen des Affektes entstehen; weshalb sehr richtig als
erstes ästhetisches Prinzip für diese Kunst es gelten muß, bei Dar-
stellungen der bildenden Kunst jenen Beziehungen zu unsrem individuellen Willen gänzlich auszuweichen, um dagegen dem Sehen diejenige Ruhe zu bereiten, in welcher uns das reine Anschauen des
Objektes, dem ihm eigenen Charakter nach, einzig ermöglicht wird.
Aber immer bleibt hier das Wirksame eben nur der Schein der
Dinge, in dessen Betrachtung wir uns für die Augenblicke der willen-
freien ästhetischen Anschauung versenken. Diese Beruhigung beim
reinen Gefallen am Scheine ist es auch, welche, von der Wirkung
der bildenden Kunst auf alle Künste hinübergetragen, als Forderung
für das ästhetische Gefallen überhaupt hingestellt worden ist, und
vermöge dieser den Begriff der Schönheit erzeugt hat, wie er
denn in unsrer Sprache, der Wurzel des Wortes nach, deutlich mit
dem Scheine (als Objekt) und dem Schauen (als Subjekt) zusam-
menhängt. —

Das Bewußtsein, welches einzig auch im Schauen des Scheines
uns das Erfassen der durch ihn sich kundgebenden Idee ermöglichte,
dürfte endlich sich aber gedrungen fühlen, mit Faust auszurufen:
„Welch Schauspiel! Aber ach, ein Schauspiel nur! Wo faß' ich dich,
unendliche Natur?"

Diesem Rufe antwortet nun auf das allersicherste die Musik.
Hier spricht die äußere Welt so unvergleichlich verständlich zu uns,
weil sie durch das Gehör vermöge der Klangwirkung uns ganz dasselbe mittheilt, was wir aus tiefstem Inneren selbst ihr zurufen. Das
Objekt des vernommenen Tones fällt unmittelbar mit dem Subjekt
des ausgegebenen Tones zusammen: wir verstehen ohne jede Begriffs-
vermittlung was uns der vernommene Hilfe-, Klage- oder Freuden-

ruf ſagt, und antworten ihm ſofort in dem entſprechenden Sinne.
Iſt der von uns ausgeſtoßene Schrei, Klage= oder Wonnelaut die
unmittelbarſte Aeußerung des Willensaffektes, ſo verſtehen wir den
gleichen, durch das Gehör zu uns bringenden Laut auch unwider=
ſprechlich als Aeußerung deſſelben Affektes, und keine Täuſchung, wie
im Scheine des Lichtes, iſt hier möglich, daß das Grundweſen der
Welt außer uns mit dem unſrigen nicht völlig identiſch ſei, wodurch
jene dem Sehen dünkende Kluft ſofort ſich ſchließt.

Sehen wir nun aus dieſem unmittelbaren Bewußtſein der Ein=
heit unſres inneren Weſens mit dem der äußeren Welt eine Kunſt
hervorgehen, ſo leuchtet es zuvörderſt ein, daß dieſe ganz anderen
äſthetiſchen Geſetzen unterworfen ſein muß, als jede andere Kunſt.
Noch allen Aeſthetikern hat es anſtößig geſchienen, aus einem, ihnen
ſo dünkenden, rein pathologiſchen Elemente eine wirkliche Kunſt
herleiten zu ſollen, und ſie haben dieſer ſomit erſt von da an Giltig=
keit zuerkennen wollen, wo ihre Produkte in einem den Geſtaltungen
der bildenden Kunſt eigenen, kühlen Scheine ſich uns zeigten. Daß
ihr bloßes Element aber bereits als eine Idee der Welt von uns
nicht mehr erſchaut, ſondern im tiefſten Bewußtſein empfunden wird,
lernten wir mit ſo großem Erfolge durch Schopenhauer ſofort er=
kennen, und dieſe Idee verſtehen wir als eine unmittelbare Offen=
barung der Einheit des Willens, welche ſich unſrem Bewußtſein, von
der Einheit des menſchlichen Weſens ausgehend, auch als Einheit mit
der Natur, die wir ja ebenfalls durch den Schall vernehmen, unab=
weisbar darſtellt.

Eine Aufklärung über das Weſen der Muſik als Kunſt glauben
wir, ſo ſchwierig ſie iſt, am ſicherſten auf dem Wege der Betrachtung
des Schaffens des inſpirirten Muſikers zu gewinnen. In vieler Be=
ziehung muß dieſes von demjenigen anderer Künſtler grundver=
ſchieden ſein. Von jenem hatten wir anzuerkennen, daß ihm das
willenfreie, reine Anſchauen der Objekte, wie es durch die Wirkung
des vorgeführten Kunſtwerkes bei dem Beſchauer wieder hervorzu=

bringen ist, vorangegangen sein müsse. Ein solches Objekt, welches
er durch reine Anschauung zur Idee erheben soll, stellt sich dem
Musiker nun aber gar nicht dar; denn seine Musik selbst ist eine Idee
der Welt, in welcher diese ihr Wesen unmittelbar darstellt, während
in jenen Künsten es, erst durch das Erkennen vermittelt, dargestellt
wird. Es ist nicht anders zu fassen, als daß der im bildenden
Künstler durch reines Anschauen zum Schweigen gebrachte indivi=
duelle Wille im Musiker als universeller Wille wach wird,
und über alle Anschauung hinaus sich als solcher recht eigentlich
als selbstbewußt erkennt. Daher denn auch der sehr verschiedene
Zustand des conzipirenden Musikers und des entwerfenden Bildners;
daher die so grundverschiedene Wirkung der Musik und der Malerei.
Hier tiefste Beschwichtigung, dort höchste Erregung des Willens: dieß
sagt aber nichts anderes, als daß hier der im Individuum als solchem,
somit im Wahne seiner Unterschiedenheit von dem Wesen der Dinge
außer ihm befangene Wille gedacht wird, welcher eben erst im reinen,
interesselosen Anschauen der Objekte über seine Schranke sich erhebt;
wogegen nun dort, im Musiker, der Wille sofort über alle Schranken
der Individualität hin sich einig fühlt: denn durch das Gehör ist
ihm das Thor geöffnet, durch welches die Welt zu ihm dringt, wie er
zu ihr. Diese ungeheure Ueberfluthung aller Schranken der Er=
scheinung muß im begeisterten Musiker nothwendig eine Entzückung
hervorrufen, mit welcher keine andere sich vergleichen ließe: in ihr
erkennt sich der Wille als allmächtiger Wille überhaupt: nicht stumm
hat er sich vor der Anschauung zurückzuhalten, sondern laut verkündet
er sich selbst als bewußte Idee der Welt. — Nur ein Zustand kann
den seinigen übertreffen: der des Heiligen, — namentlich auch weil
er andauernd und untrübbar ist, wogegen die entzückende Hellsichtig=
keit des Musikers mit einem stets wiederkehrenden Zustande des indi=
viduellen Bewußtseins abzuwechseln hat, welcher um so jammervoller
gedacht werden muß, als der begeisterte Zustand ihn höher über alle
Schranken der Individualität erhob. Aus diesem letzteren Grunde

der Leiden, mit denen er den Zustand der Begeisterung, in welchem
er uns so unaussprechlich entzückt, zu entgelten hat, dürfte uns der
Musiker wieder verehrungswürdiger als andere Künstler, ja fast mit
einem Anspruch an Heilighaltung erscheinen. Denn seine Kunst verhält sich in Wahrheit zum Complex aller anderen Künste wie die
R e l i g i o n zur K i r c h e.

Wir sahen, daß, wenn in den anderen Künsten der Wille gänzlich Erkenntniß zu werden verlangt, dieses sich ihm nur soweit ermöglicht, als er im tiefsten Innern schweigend verharrt: es ist als
erwarte er von da außen erlösende Kunde über sich selbst; genügt
ihm diese nicht, so setzt er sich selbst in den Zustand des Hellsehens,
wo er sich dann außer den Schranken von Zeit und Raum als Ein
und All der Welt erkennt. Was er hier sah, ist in keiner Sprache
mitzutheilen; wie der Traum des tiefsten Schlafes nur in die Sprache
eines zweiten, dem Erwachen unmittelbar vorausgehenden, allegorischen Traumes übersetzt, in das wache Bewußtsein übergehen kann,
schafft sich der Wille für das unmittelbare Bild seiner Selbstschau ein
zweites Mittheilungsorgan, welches, während es mit der einen Seite
seiner inneren Schau zugekehrt ist, mit der anderen die mit dem Erwachen nun wieder hervortretende Außenwelt durch einzig unmittelbar sympathische Kundgebung des Tones berührt. Er ruft; und an
dem Gegenruf erkennt er sich auch wieder: so wird ihm Ruf und
Gegenruf ein tröstendes, endlich ein entzückendes Spiel mit sich selbst.

In schlafloser Nacht trat ich einst auf den Balkon meines Fensters
am großen Canal in Venedig: wie ein tiefer Traum lag die märchen-
hafte Lagunenstadt im Schattten vor mir ausgedehnt. Aus dem
lautlosesten Schweigen erhob sich da der mächtige rauhe Klageruf
eines so eben auf seiner Barke erwachten Gondolier's, mit welchem
dieser in wiederholten Absätzen in die Nacht hineinrief, bis aus
weitester Ferne der gleiche Ruf dem nächtlichen Canal entlang antwortete: ich erkannte die uralte, schwermüthige melodische Phrase,
welcher seiner Zeit auch die bekannten Verse Tasso's untergelegt

worden, die aber an sich gewiß so alt ist, als Venedigs Canäle mit
ihrer Bevölkerung. Nach feierlichen Pausen belebte sich endlich der
weithin tönende Dialog und schien sich im Einklang zu verschmelzen,
bis aus der Nähe wie aus der Ferne sanft das Tönen wieder im neu=
gewonnenen Schlummer erlosch. Was konnte mir das von der
Sonne bestrahlte, bunt durchwimmelte Venedig des Tages von sich
sagen, das jener tönende Nachttraum mir nicht unendlich tiefer un=
mittelbar zum Bewußtsein gebracht gehabt hätte? — Ein anderes
Mal durchwanderte ich die erhabene Einsamkeit eines Hochthales von
Uri. Es war heller Tag, als ich von einer hohen Alpenweide zur
Seite her den grell jauchzenden Reigenruf eines Sennen vernahm,
den er über das weite Thal hinüber sandte; bald antwortete ihm
von dort her durch das ungeheure Schweigen der gleiche übermüthige
Hirtenruf: hier mischte sich nun das Echo der ragenden Felswände
hinein; im Wettkampfe ertönte lustig das ernst schweigsame Thal. —
So erwacht das Kind aus der Nacht des Mutterschooßes mit dem
Schrei des Verlangens, und antwortet ihm die beschwichtigende
Liebkosung der Mutter; so versteht der sehnsüchtige Jüngling den
Lockgesang der Waldvögel, so spricht die Klage der Thiere, der Lüfte,
das Wuthgeheul der Orkane zu dem sinnenden Manne, über den nun
jener traumartige Zustand kommt, in welchem er durch das Gehör
Das wahrnimmt, worüber ihn sein Sehen in der Täuschung der Zer=
streutheit erhielt, nämlich daß sein innerstes Wesen mit dem innersten
Wesen alles jenes Wahrgenommenen Eines ist, und daß nur in
dieser Wahrnehmung auch das Wesen der Dinge außer ihm wirk=
lich erkannt wird.

Den traumartigen Zustand, in welchen die bezeichneten Wirkungen
durch das sympathische Gehör versetzen, und in welchem uns daher
jene andere Welt aufgeht, aus der der Musiker zu uns spricht, er=
kennen wir sofort aus der einem Jeden zugänglichen Erfahrung, daß
durch die Wirkung der Musik auf uns das Gesicht in der Weise depo=
tenzirt wird, daß wir mit offenen Augen nicht mehr intensiv sehen.

Wir erfahren dieß in jedem Conzertsaal während der Anhörung eines
uns wahrhaft ergreifenden Tonstückes, wo das Allerzerstreuendste
und an sich Häßlichste vor unsren Augen vorgeht, was uns jedenfalls,
wenn wir es intensiv sähen, von der Musik gänzlich abziehen und
sogar lächerlich gestimmt machen würde, nämlich, außer dem sehr
trivial berührenden Anblicke der Zuhörerschaft, die mechanischen Be=
wegungen der Musiker, der ganze sonderbar sich bewegende Hilfs=
apparat einer orchestralen Produktion. Daß dieser Anblick, welcher
den nicht von der Musik Ergriffenen einzig beschäftigt, den von ihr
Gefesselten endlich gar nicht mehr stört, zeigt uns deutlich, daß wir ihn
nicht mehr mit Bewußtsein gewahr werden, dagegen nun mit offenen
Augen in den Zustand gerathen, welcher mit dem des sonnambulen
Hellsehens eine wesentliche Aehnlichkeit hat. Und in Wahrheit ist es
auch nur dieser Zustand, in welcher wir der Welt des Musikers un=
mittelbar angehörig werden. Von dieser, sonst mit nichts zu schil=
dernden Welt aus, legt der Musiker durch die Fügung seiner Töne
gewissermaaßen das Netz nach uns aus, oder auch er besprengt mit
den Wundertropfen seiner Klänge unser Wahrnehmungsvermögen
in der Weise, daß er es für jede andere Wahrnehmung, als die
unsrer eigenen inneren Welt, wie durch Zauber, außer Kraft setzt
Wollen wir uns nun sein Verfahren hierbei einiger Maaßen
verdeutlichen, so können wir dieß immer nur wieder am besten, indem
wir auf die Analogie desselben mit dem inneren Vorgange zurück=
kommen, durch welchen, nach Schopenhauer's so lichtvoller Annahme,
der dem wachen cerebralen Bewußtsein gänzlich entrückte Traum des
tiefsten Schlafes sich in den leichteren, dem Erwachen unmittelbar
vorausgehenden, allegorischen Traum gleichsam übersetzt. Das ana=
logisch in Betracht genommene Sprachvermögen erstreckt sich für den
Musiker vom Schrei des Entsetzens bis zur Uebung des tröstlichen
Spieles der Wohllaute. Da er in der Verwendung der hier zwischen
liegenden überreichen Abstufungen gleichsam von dem Drange nach
einer verständlichen Mittheilung des innersten Traumbildes be=

stimmt wird, nähert er sich, wie der zweite, allegorische Traum, den Vorstellungen des wachen Gehirnes, durch welche dieses endlich das Traumbild zunächst für sich festzuhalten vermag. In dieser An= näherung berührt er aber, als äußerstes Moment seiner Mittheilung, nur die Vorstellungen der Zeit, während er diejenigen des Raumes in dem undurchdringlichen Schleier erhält, dessen Lüftung sein er= schautes Traumbild sofort unkenntlich machen müßte. Während die, weder dem Raume noch der Zeit angehörige Harmonie der Töne das eigentlichste Element der Musik verbleibt, reicht der nun bildende Musiker der wachenden Erscheinungswelt durch die rhythmische Zeitfolge seiner Kundgebungen gleichsam die Hand zur Verständigung, wie der allegorische Traum an die gewohnten Vorstellungen des In= dividuums in der Weise anknüpft, daß das der Außenwelt zugekehrte wache Bewußtsein, wenngleich es die große Verschiedenheit auch dieses Traumbildes von dem Vorgange des wirklichen Lebens sofort erkennt, es dennoch fest halten kann. Durch die rhythmische Anordnung seiner Töne tritt somit der Musiker in eine Berührung mit der an= schaulichen plastischen Welt, nämlich vermöge der Aehnlichkeit der Gesetze, nach welchen die Bewegung sichtbarer Körper unsrer An= schauung verständlich sich kundgiebt. Die menschliche Gebärde, welche im Tanze durch ausdrucksvoll wechselnde gesetzmäßige Bewegung sich verständlich zu machen sucht, scheint somit für die Musik Das zu sein, was die Körper wiederum für das Licht sind, welches ohne die Brechung an diesen nicht leuchten würde, während wir sagen können, daß ohne den Rhythmus uns die Musik nicht wahrnehmbar sein würde. Eben hier, auf dem Punkte des Zusammentreffens der Plastik mit der Harmonie, zeigt sich aber das nur nach der Analogie des Traumes erfaßbare Wesen der Musik sehr deutlich als ein von dem Wesen namentlich der bildenden Kunst gänzlich verschiedenes; wie diese von der Gebärde, welche sie nur im Raume fixirt, die Be= wegung der reflectirenden Anschauung zu supliiren überlassen muß, spricht die Musik das innerste Wesen der Gebärde mit solch unmittel=

barer Verständlichkeit aus, daß sie, sobald wir ganz von der Musik
erfüllt sind, sogar unser Gesicht für die intensive Wahrnehmung der
Gebärde depotenzirt, so daß wir sie endlich verstehen ohne sie selbst
zu sehen. Zieht somit die Musik selbst die ihr verwandtesten Mo-
mente der Erscheinungswelt in ihr, von uns so bezeichnetes Traum-
bereich, so geschieht dies doch nur, um die anschauende Erkenntniß
durch eine mit ihr vorgehende wunderbare Umwandlung gleichsam
nach innen zu wenden, wo sie nun befähigt wird, das Wesen der
Dinge in seiner unmittelbarsten Kundgebung zu erfassen, gleichsam
das Traumbild zu deuten, das der Musiker im tiefsten Schlafe selbst
erschaut hatte. —

Ueber das Verhalten der Musik zu den plastischen Formen der
Erscheinungswelt, so wie zu den von den Dingen selbst abgezogenen
Begriffen, kann unmöglich etwas Lichtvolleres hervorgebracht werden,
als was wir hierüber in Schopenhauer's Werke an der betreffenden
Stelle lesen, weswegen wir uns von einem überflüssigen Verweilen
hierbei zu der eigentlichen Aufgabe dieser Untersuchungen, nämlich
der Erforschung der Natur des Musikers selbst wenden.

Nur haben wir zuvor noch bei einer wichtigen Entscheidung im
Betreff des ästhetischen Urtheils über die Musik als Kunst zu verweilen. Wir finden nämlich, daß aus den Formen der Musik, mit
welchen diese sich der äußeren Erscheinung anzuschließen scheint, eine
durchaus sinnlose und verkehrte Anforderung an den Charakter
ihrer Kundgebungen entnommen worden ist. Wie dieß zuvor schon
erwähnt ward, sind auf die Musik Ansichten übertragen worden, welche
lediglich der Beurtheilung der bildenden Kunst entstammen. Daß
diese Verirrung vor sich gehen konnte, haben wir jedenfalls der zuletzt
bezeichneten äußersten Annäherung der Musik an die anschauliche
Seite der Welt und ihrer Erscheinungen zuzuschreiben. In dieser
Richtung hat wirklich die musikalische Kunst einen Entwickelungs-
prozeß durchgemacht, welcher sie der Mißverständlichkeit ihres wahren
Charakters so weit aussetzte, daß man von ihr eine ähnliche Wirkung

wie von den Werken der bildenden Kunst, nämlich die Erregung des Gefallens an schönen Formen forderte. Da hierbei zugleich ein zunehmender Verfall des Urtheils über die bildende Kunst selbst mit unterlief, so kann leicht gedacht werden, wie tief die Musik hierdurch erniedrigt ward, wenn im Grunde von ihr gefordert wurde, sie sollte ihr eigenstes Wesen völlig darnieder halten, um nur durch Zukehrung ihrer äußerlichsten Seite unsre Ergetzung zu erregen.

Die Musik, welche einzig dadurch zu uns spricht, daß sie den allerallgemeinsten Begriff des an sich dunklen Gefühles in den erdenklichsten Abstufungen mit bestimmtester Deutlichkeit uns belebt, kann an und für sich einzig nach der Kategorie des Erhabenen beurtheilt werden, da sie, sobald sie uns erfüllt, die höchste Extase des Bewußtseins der Schrankenlosigkeit erregt. Was dagegen erst in Folge der Versenkung in das Anschauen des Werkes der bildenden Kunst bei uns eintritt, nämlich die durch das Fahrenlassen der Relationen des angeschauten Objektes zu unsrem individuellen Willen endlich gewonnene (temporäre) Befreiung des Intellektes vom Dienste jenes Willens, also die geforderte Wirkung der Schönheit auf das Gemüth, diese übt die Musik sofort bei ihrem ersten Eintritt aus, indem sie den Intellekt sogleich von jedem Erfassen der Relationen der Dinge außer uns abzieht, und als reine, von jeder Gegenständlichkeit befreite Form uns gegen die Außenwelt gleichsam abschließt, dagegen nun uns einzig in unser Inneres, wie in das innere Wesen aller Dinge blicken läßt. Demnach hätte also das Urtheil über eine Musik sich auf die Erkenntniß derjenigen Gesetze zu stützen, nach welchen von der Wirkung der schönen Erscheinung, welche die allererste Wirkung des bloßen Eintrittes der Musik ist, zur Offenbarung ihres eigensten Charakters, durch die Wirkung des Erhabenen, am unmittelbarsten fortgeschritten wird. Der Charakter einer recht eigentlich nichtssagenden Musik wäre es dagegen, wenn sie beim prismatischen Spiele mit dem Effekte ihres ersten Eintrittes verweilte, und

2*

uns somit beständig nur in den Relationen erhielte, mit welchen die
äußerste Seite der Musik sich der anschaulichen Welt zukehrt.

Wirklich ist der Musik eine andauernde Entwickelung einzig nach
dieser Seite hin gegeben worden, und zwar durch ein systematisches
Gefüge ihres rhythmischen Periodenbaues, welches sie einerseits in
einen Vergleich mit der Architektur gebracht, andrerseits ihr eine
Ueberschaulichkeit gegeben hat, welche sie eben dem berührten falschen
Urtheile nach Analogie der bildenden Kunst aussetzen mußte. Hier,
in ihrer äußersten Eingeschränktheit in banale Formen und Con-
ventionen, dünkte sie z. B. Göthe so glücklich verwendbar zur Nor-
mirung dichterischer Konzeptionen. In diesen conventionellen Formen
mit dem ungeheuren Vermögen der Musik nur so spielen zu können,
daß ihrer eigentlichen Wirkung, der Kundgebung des inneren Wesens
aller Dinge, gleich einer Gefahr durch Ueberfluthung, ausgewichen
werde, galt lange dem Urtheile der Aesthetiker als das wahre und
einzig erfreuliche Ergebniß der Ausbildung der Tonkunst. Durch
diese Formen aber zu dem innersten Wesen der Musik in der Weise
durchgedrungen zu sein, daß er von dieser Seite her das innere Licht
des Hellsehenden wieder nach außen zu werfen vermochte, um
auch diese Formen nur nach ihrer inneren Bedeutung uns wieder zu
zeigen, dieß war das Werk unseres großen Beethoven, den wir
daher als den wahren Inbegriff des Musikers uns vorzuführen
haben. —

Wenn wir, mit dem Festhalten der öfter angezogenen Analogie
des allegorischen Traumes, uns die Musik, von einer innersten Schau
angeregt, nach außen hin diese Schau mittheilend denken wollen, so
müssen wir als das eigentliche Organ hierfür, wie dort das Traumorgan, eine cerebrale Befähigung annehmen, vermöge welcher der
Musiker zuerst das aller Erkenntniß verschlossene innere An-sich
wahrnimmt, ein nach innen gewendetes Auge, welches nach außen
gerichtet zum Gehör wird. Wollen wir das von ihm wahrgenommene
innerste (Traum-)Bild der Welt in seinem getreuesten Abbilde uns

vorgeführt denken, so vermögen wir dieß in ahnungsvollster Weise, wenn wir eines jener berühmten Kirchenstücke Palestrina's anhören. Hier ist der Rhythmus nur erst noch durch den Wechsel der harmonischen Accordfolgen wahrnehmbar, während er ohne diese, als symmetrische Zeitfolge für sich, gar nicht existirt; hier ist demnach die Zeitfolge noch so unmittelbar an das, an sich zeit- und raumlose Wesen der Harmonie gebunden, daß die Hilfe der Gesetze der Zeit für das Verständniß einer solchen Musik noch gar nicht zu verwenden ist. Die einzige Zeitfolge in einem solchen Tonstücke äußert sich fast nur in den zartesten Veränderungen einer Grundfarbe, welche die mannigfaltigsten Uebergänge im Festhalten ihrer weitesten Verwandtschaft uns vorführt, ohne daß wir eine Zeichnung von Linien in diesem Wechsel wahrnehmen können. Da nun diese Farbe selbst aber nicht im Raume erscheint, so erhalten wir hier ein fast ebenso zeit- als raumloses Bild, eine durchaus geistige Offenbarung, von welcher wir daher mit so unsäglicher Rührung ergriffen werden, weil sie uns zugleich deutlicher als alles Andere das innerste Wesen der Religion, frei von jeder dogmatischen Begriffsfiktion, zum Bewußtsein bringt.

Vergegenwärtigen wir uns jetzt hierwider ein Tanzmusikstück, oder einen dem Tanzmotive nachgebildeten Orchestersymphoniesatz, oder endlich eine eigentliche Opernpièce, so finden wir unsre Phantasie sogleich durch eine regelmäßige Anordnung in der Wiederkehr rhythmischer Perioden gefesselt, durch welche sich zunächst die Eindringlichkeit der Melodie, vermöge der ihr gegebenen Plastizität, bestimmt. Sehr richtig hat man die auf diesem Wege ausgebildete Musik mit „weltlich" bezeichnet, im Gegensatz zu jener „geistlichen." Ueber das Princip dieser Ausbildung habe ich mich anderwärts deutlich genug ausgesprochen *), und fasse dagegen hier die Tendenz derselben

---

*) Namentlich that ich dieß in Kürze und im Allgemeinen in einer „Zukunftsmusik" betitelten Abhandlung, welche vor etwa zehn Jahren bei J. J. Weber in Leipzig veröffentlicht wurde, ohne, soviel ich neuerdings davon erfahre, irgend welche Beachtung gefunden zu haben, weshalb ich die Wenigen, welche es mit mir ernst nehmen, hiermit von Neuem auf jene ältere Schrift hinweise.

nur in dem bereits oben berührten Sinne der Analogie mit dem alle=
gorischen Traume auf, demnach es scheint, als ob jetzt das wachge=
wordene Auge des Musikers an den Erscheinungen der Außenwelt so
weit haftet, als diese ihm ihrem inneren Wesen nach sofort verständ=
lich werden. Die äußeren Gesetze, nach welchen dieses Haften an der
Gebärde, endlich an jedem bewegungsvollen Vorgange des Lebens
sich vollzieht, werden ihm zu denen der Rhythmik, vermöge welcher er
Perioden der Entgegenstellung und der Wiederkehr konstruirt. Je
mehr diese Perioden nun von dem eigentlichen Geiste der Musik er=
füllt sind, desto weniger werden sie als architektonische Merkzeichen
unsre Aufmerksamkeit von der reinen Wirkung der Musik ableiten.
Hingegen wird da, wo jener zur Genüge bezeichnete innere Geist der
Musik, zu Gunsten dieser regelmäßigen Säulenordnung der rhythmi=
schen Einschnitte, in seiner eigensten Kundgebung sich abschwächt, nur
jene äußerliche Regelmäßigkeit uns noch fesseln, und wir werden
nothwendig unsre Forderungen an die Musik selbst herabstimmen,
indem wir sie jetzt hauptsächlich nur auf jene Regelmäßigkeit beziehen. —
Die Musik tritt hierdurch aus dem Stande ihrer erhabenen Unschuld;
sie verliert die Kraft der Erlösung von der Schuld der Erscheinung,
d. h. sie ist nicht mehr Verkünderin des Wesens der Dinge, sondern
sie selbst wird in die Täuschung der Erscheinung der Dinge außer
uns verwebt. Denn zu dieser Musik will man nun auch etwas
sehen, und dieses Zu=sehende wird dabei zur Hauptsache, wie dieß
die „Oper" recht deutlich zeigt, wo das Spektakel, das Ballet u. s. w.
das Anziehende und Fesselnde ausmachen, was ersichtlich genug die
Entartung der hierfür verwendeten Musik herausstellt. —

Das bis hieher Gesagte wollen wir uns nun durch ein näheres
Eingehen auf den Entwickelungsgang des Beethoven'schen
Genius' verdeutlichen, wobei wir zunächst, um aus der Allge=
meinheit unsrer Darstellung herauszutreten, den praktischen Gang

der Ausbildung des eigenthümlichen Styles des Meisters in das
Auge zu fassen haben. —

Die Befähigung eines Musikers für seine Kunst, seine Bestimmung
für sie kann sich gewiß nicht anders herausstellen, als durch die auf
ihn sich kundgebende Wirkung des Musizirens außer ihm. In
welcher Weise hiervon seine Fähigkeiten zur inneren Selbstschau,
jener Hellsichtigkeit des tiefsten Welttraumes, angeregt worden ist,
erfahren wir erst am voll erreichten Ziele seiner Selbstentwickelung;
denn bis dahin gehorcht er den Gesetzen der Einwirkung äußerer
Eindrücke auf ihn, und für den Musiker leiten sich diese zunächst von
den Tonwerken der Meister seiner Zeit her. Hier finden wir nun
Beethoven von den Werken der Oper am allerwenigsten angeregt;
wogegen ihm Eindrücke von der Kirchenmusik seiner Zeit näher lagen.
Das Métier des Klavierspielers, welches er, um als Musiker „etwas
zu sein", zu ergreifen hatte, brachte ihn aber in andauernde und ver-
trauteste Berührung mit den Klaviercompositionen der Meister seiner
Periode. In dieser hatte sich die „Sonate" als Musterform heraus-
gebildet. Man kann sagen, Beethoven war und blieb Sonatencom-
ponist, denn für seine allermeisten und vorzüglichsten Instrumental-
compositionen war die Grundform der Sonate das Schleiergewebe,
durch welches er in das Reich der Töne blickte, oder auch durch welches
er aus diesem Reiche auftauchend sich uns verständlich machte, während
andere, namentlich die gemischten Vokalmusikformen, von ihm, trotz
der ungemeinsten Leistungen in ihnen, doch nur vorübergehend, wie
versuchsweise berührt wurden.

Die Gesetzmäßigkeit der Sonatenform hatte sich durch Emanuel
Bach, Haydn und Mozart für alle Zeiten giltig ausgebildet. Sie war
der Gewinn eines Kompromisses, welchen der deutsche mit dem italienischen Musikgeiste eingegangen war. Ihr äußerlicher Charakter
war ihr durch die Tendenz ihrer Verwendung verliehen: mit der
Sonate präsentirte sich der Klavierspieler vor dem Publikum, welches
er durch seine Fertigkeit als solcher ergötzen, und zugleich als Musiker

angenehm unterhalten sollte. Dieß war nun nicht mehr Sebastian
Bach, der seine Gemeinde in der Kirche vor der Orgel versammelte,
oder den Kenner und Genossen zum Wettkampfe dahin berief; eine
weite Kluft trennte den wunderbaren Meister der Fuge von den
Pflegern der Sonate. Die Kunst der Fuge ward von diesen als ein
Mittel der Befestigung des Studiums der Musik erlernt, für die
Sonate aber nur als Künstlichkeit verwendet: die rauhen Konse=
quenzen der reinen Kontrapunktik wichen dem Behagen an einer
stabilen Eurhythmie, deren fertiges Schema im Sinne italienischer
Euphonie auszufüllen einzig den Forderungen an die Musik zu ent=
sprechen schien. In der Haydn'schen Instrumentalmusik glauben wir
den gefesselten Dämon der Musik mit der Kindlichkeit eines geborenen
Greises vor uns spielen zu sehen. Nicht mit Unrecht hält man die
früheren Arbeiten Beethoven's für besonders dem Haydn'schen Vor=
bilde entsprungen; ja selbst in der reiferen Entwickelung seines
Genius' glaubt man ihm nähere Verwandtschaft mit Haydn als mit
Mozart zusprechen zu müssen. Ueber die eigenthümliche Beschaffen=
heit dieser Verwandtschaft giebt nun ein auffallender Zug in dem
Benehmen Beethoven's gegen Haydn Aufschluß, welchen er als seinen
Lehrer, für den er gehalten ward, durchaus nicht anerkennen wollte,
und gegen welchen er sich sogar verletzende Aeußerungen seines
jugendlichen Uebermuthes erlaubte. Es scheint, er fühlte sich Haydn
verwandt wie der geborene Mann dem kindlichen Greise. Weit über
die formelle Uebereinstimmung mit seinem Lehrer hinaus, drängte
ihn der unter jener Form gefesselte unbändige Dämon seiner inneren
Musik zu einer Aeußerung seiner Kraft, die, wie alles Verhalten des
ungeheuren Musikers, sich eben nur mit unverständlicher Rauheit
kundgeben konnte. — Von seiner Begegnung als Jüngling mit Mozart
wird uns erzählt, er sei unmuthig vom Klavier aufgesprungen, nach=
dem er dem Meister zu seiner Empfehlung eine Sonate vorgespielt
hatte, wogegen er nun, um sich besser zu erkennen zu geben, frei
phantasiren zu dürfen verlangte, was er denn auch, wie wir ver=

nehmen, mit so bedeutendem Eindruck auf Mozart ausführte, daß
dieser seinen Freunden sagte: „von dem wird die Welt etwas zu hören
bekommen." Dieß wäre eine Aeußerung Mozart's zu einer Zeit ge=
wesen, wo dieser selbst mit deutlichem Selbstgefühle einer Entfaltung
seines inneren Genius' zureifte, welche bis dahin aus eigenstem Triebe
sich zu vollziehen durch die unerhörten Abwendungen im Zwange
einer jammervoll mühseligen Musikerlaufbahn aufgehalten worden
war. Wir wissen, wie er seinem allzufrüh nahenden Tode mit
dem bitteren Bewußtsein entgegen sah, daß er nun erst dazu gelangt
sein würde der Welt zu zeigen, was er eigentlich in der Musik vermöge.

Dagegen sehen wir den jungen Beethoven der Welt sogleich mit
dem trotzigen Temperamente entgegengetreten, das ihn sein ganzes
Leben hindurch in einer fast wilden Unabhängigkeit von ihr erhielt: sein
ungeheures, vom stolzesten Muthe getragenes Selbstgefühl gab ihm
zu jeder Zeit die Abwehr der frivolen Anforderungen der genuß=
süchtigen Welt an die Musik ein. Gegen die Zudringlichkeit eines
verweichlichten Geschmackes hatte er einen Schatz von unermeßlichem
Reichthum zu wahren. In denselben Formen, in welchen die Musik
sich nur noch als gefällige Kunst zeigen sollte, hatte er die Wahrsagung
der innersten Tonweltschau zu verkündigen. So gleicht er zu jeder
Zeit einem wahrhaft Besessenen; denn von ihm gilt, was Schopenhauer
vom Musiker überhaupt sagt: dieser spreche die höchste Weisheit aus
in einer Sprache, die seine Vernunft nicht verstehe.

Der „Vernunft" seiner Kunst begegnete er nur in dem Geiste,
welcher den formellen Aufbau ihres äußeren Gerüstes ausgebildet
hatte. Das war denn eine gar dürftige Vernunft, die aus diesem
architektonischen Periodengerüste zu ihm sprach, wenn er vernahm,
wie selbst die großen Meister seiner Jugendzeit darin mit banaler
Wiederholung von Phrasen und Floskeln, mit den genau eingetheilten
Gegensätzen von Stark und Sanft, mit den vorschriftlich rezipirten
gravitätischen Einleitungen von so und so vielen Takten, durch die
unerläßliche Pforte von so und so vielen Halbschlüssen zu der selig=

machenden lärmenden Schlußcadenz sich bewegten. Das war die Ver=
nunft, welche die Opernarie construirt, die Anreihung der Opernpiècen
an einander diktirt hatte, durch welche Haydn sein Genie an das Ab=
zählen der Perlen seines Rosenkranzes fesselte. Denn mit Palestrina's
Musik war auch die Religion aus der Kirche geschwunden, wogegen
nun der künstliche Formalismus der jesuitischen Praxis die Religion,
wie zugleich die Musik, contreformirte. So verdeckt der gleiche
jesuitische Baustyl der zwei letzten Jahrhunderte dem sinnvollen Be=
schauer das ehrwürdig edle Rom; so verweichlichte und versüßlichte
sich die glorreiche italienische Malerei; so entstand, unter der gleichen
Anleitung, die „classische" französische Poësie, in deren geisttödtenden
Gesetzen wir eine recht sprechende Analogie mit den Gesetzen der
Konstruktion der Opernarie und der Sonate auffinden können.

Wir wissen, daß der „über den Bergen" so sehr gefürchtete und
gehaßte „deutsche Geist" es war, welcher überall, so auch auf dem
Gebiete der Kunst, dieser künstlich geleiteten Verderbniß des europäi=
schen Völkergeistes erlösend entgegentrat. Haben wir auf anderen
Gebieten unsre Lessing, Göthe, Schiller u. a. als unsre Erretter von
dem Verkommen in jener Verderbniß gefeiert, so gilt es nun heute
an diesem Musiker Beethoven nachzuweisen, daß durch ihn, da er
denn in der reinsten Sprache aller Völker redete, der deutsche Geist
den Menschengeist von tiefer Schmach erlöste. Denn, indem er die
zur bloßen gefälligen Kunst herabgesetzte Musik aus ihrem eigensten
Wesen zu der Höhe ihres erhabenen Berufes erhob, hat er uns das
Verständniß derjenigen Kunst erschlossen, aus welcher die Welt jedem
Bewußtsein so bestimmt sich erklärt, als die tiefste Philosophie sie nur
dem begriffskundigen Denker erklären könnte. Und hierin einzig
liegt das Verhältniß des großen Beethoven zur deut=
schen Nation begründet, welches wir uns nun auch in den unsrer
Kenntniß vorliegenden besonderen Zügen seines Lebens und Schaffens
näher zu verdeutlichen suchen wollen. —

Darüber, wie sich das künstlerische Verfahren zu dem Konstruiren

nach Vernunftbegriffen verhält, kann nichts einen belehrenderen
Aufschluß geben, als ein getreues Auffassen des Verfahrens, welchem
Beethoven in der Entfaltung seines musikalischen Genius' folgte.
Ein Verfahren aus Vernunft wäre es gewesen, wenn er mit Be=
wußtsein die vorgefundenen äußeren Formen der Musik umgeändert,
oder gar umgestoßen hätte; hiervon treffen wir aber nie auf eine
Spur. Gewiß hat es nie einen weniger über seine Kunst nachdenken=
den Künstler gegeben, als Beethoven. Dagegen zeigt uns die schon
erwähnte rauhe Heftigkeit seines menschlichen Wesens, wie er den
Bann, in welchem jene Formen seinen Genius hielten, fast so un=
mittelbar als jeden anderen Zwang der Konvention, mit dem Gefühl
eines persönlichen Leidens empfand. Seine Reaktion hiergegen be=
stand aber einzig in der übermüthig freien, durch nichts, selbst durch
jene Formen nicht zu hemmenden Entfaltung seines inneren Genius'.
Nie änderte er grundsätzlich eine der vorgefundenen Formen der
Instrumentalmusik; in seinen letzten Sonaten, Quartetten, Sympho=
nien u. s. w. ist die gleiche Struktur wie in seinen ersten unverkenn=
bar nachzuweisen. Nun aber vergleiche man diese Werke miteinander;
man halte z. B. die achte Symphonie in F-dur zu der zweiten in D
und staune über die völlig neue Welt, welche uns dort in der fast
ganz gleichen Form entgegentritt!

Hier zeigt sich denn wieder die Eigenthümlichkeit der deutschen
Natur, welche so innerlich tief und reich begabt ist, daß sie jeder Form
ihr Wesen einzuprägen weiß, indem sie diese von innen neu umbildet,
und dadurch von der Nöthigung zu ihrem äußerlichen Umsturz
bewahrt wird. So ist der Deutsche nicht revolutionär, sondern
reformatorisch; und so erhält er sich endlich auch für die Kundgebung
seines inneren Wesens einen Reichthum von Formen, wie keine
andere Nation. Dieser tief innere Quell scheint eben dem Franzosen
versiegt zu sein, weshalb er, durch die äußere Form seiner Zustände
im Staat wie in der Kunst beängstigt, sich sofort zu ihrer gänzlichen
Zerstörung wenden zu müssen glaubt, gewissermaßen in der An=

nahme, die neue behaglichere Form müsse dann ganz von selbst sich bilden lassen. So geht seine Auflehnung sonderbarer Weise immer nur gegen sein eigenes Naturell, welches sich nicht tiefer zeigt, als es in jener beängstigenden Form sich bereits ausspricht. Dagegen hat es der Entwickelung des deutschen Geistes nichts geschadet, daß unsre poetische Litteratur des Mittelalters sich aus der Uebertragung französischer Rittergedichte ernährte: die innere Tiefe eines Wolfram von Eschenbach bildete aus demselben Stoffe, der in der Urform uns als bloßes Curiosum aufbewahrt ist, ewige Typen der Poesie. So nahmen wir die classische Form der römischen und griechischen Kultur zu uns auf, bildeten ihre Sprache, ihre Verse nach, mußten uns die antike Anschauung anzueignen, aber nur indem wir unsren eigenen innersten Geist in ihnen aussprachen. So auch überkamen wir die Musik mit allen ihren Formen von den Italienern, und was wir in diese einbildeten, das haben wir nun in den unbegreiflichen Werken des Beethoven'schen Genius' vor uns.

Diese Werke selbst erklären zu wollen, würde ein thörigtes Unternehmen sein. Indem wir sie uns ihrer Reihenfolge nach vorführen, haben wir mit immer gesteigerter Deutlichkeit die Durchdringung der musikalischen Form von dem Genius der Musik wahrzunehmen. Es ist, als ob wir in den Werken seiner Vorgänger das gemalte Transparentbild bei Tagesscheine gesehen, und hier in Zeichnung und Farbe ein offenbar mit dem Werk des ächten Malers gar nicht zu vergleichendes, einer durchaus niedrigeren Kunstart angehöriges, deßhalb auch von den rechten Kunstbekennern von oben herab angesehenes, Pseudokunstwerk vor uns gehabt hätten: dieses war zur Ausschmückung von Festen, bei fürstlichen Tafeln, zur Unterhaltung üppiger Gesellschaften u. dergl. ausgestellt, und der Virtuos stellte seine Kunstfertigkeit als das zur Beleuchtung bestimmte Licht davor statt dahinter. Nun aber stellt Beethoven dieses Bild in das Schweigen der Nacht, zwischen die Welt der Erscheinung und die tief innere des Wesens aller Dinge, aus welcher er jetzt das Licht des Hell-

sichtigen hinter das Bild leitet: da lebt denn dieses in wundervoller
Weise vor uns auf, und eine zweite Welt steht vor uns, von
der uns auch das größte Meisterwerk eines Raphael keine Ahnung
geben konnte.

Die Macht des Musikers ist hier nicht anders, als durch die
Vorstellung des Zaubers zu fassen. Gewiß ist es ein bezauberter
Zustand, in den wir gerathen, wenn wir bei der Anhörung eines
ächten Beethoven'schen Tonwerkes in allen den Theilen des Musik-
stückes, in welchen wir bei nüchternen Sinnen nur eine Art von tech-
nischer Zweckmäßigkeit für die Aufstellung der Form erblicken können,
jetzt eine geisterhafte Lebendigkeit, eine bald zartfühlige, bald er-
schreckende Regsamkeit, ein pulsirendes Schwingen, Freuen, Sehnen,
Bangen, Klagen und Entzücktsein wahrnehmen, welches Alles
wiederum nur aus dem tiefsten Grunde unsres eigenen Inneren
sich in Bewegung zu setzen scheint. Denn das für die Kunstgeschichte
so wichtige Moment in dem musikalischen Gestalten Beethoven's ist
dieses, daß hier jedes technische Accidenz der Kunst, durch welches sich
der Künstler zum Zwecke seiner Verständlichkeit in ein konventionelles
Verhalten zu der Welt außer ihm setzt, selbst zur höchsten Bedeutung
als unmittelbarer Erguß erhoben wird. Wie ich mich anderswo
bereits ausdrückte, giebt es hier keine Zuthat, keine Einrahmung der
Melodie mehr, sondern Alles wird Melodie, jede Stimme der Begleitung, jede rhythmische Note, ja selbst die Pause.

Da es ganz unmöglich ist, das eigentliche Wesen der Beethoven-
schen Musik besprechen zu wollen, ohne sofort in den Ton der Ver-
zückung zu verfallen, und wir bereits an der leitenden Hand des
Philosophen uns über das wahre Wesen der Musik überhaupt
(womit die Beethoven'sche Musik im Besonderen zu verstehen war)
eingehender aufzuklären suchten, so wird, wollen wir von dem Un-
möglichen abstehen, uns zunächst immer wieder der persönliche
Beethoven zu fesseln haben, als der Focus der Lichtstrahlen der von
ihm ausgehenden Wunderwelt. —

Prüfen wir nun, woher Beethoven diese Kraft gewann, oder vielmehr, da das Geheimniß der Naturbegabung uns verschleiert bleiben muß, und wir nur aus ihrer Wirkung das Vorhandensein dieser Kraft fraglos anzunehmen haben, suchen wir uns klar zu machen, durch welche Eigenthümlichkeit des persönlichen Charakters und durch welche moralischen Triebe desselben der große Musiker die Konzentration jener Kraft auf diese eine ungeheure Wirkung, welche seine künstlerische That ausmacht, ermöglichte. Wir ersahen, daß wir hierfür jede Annahme einer Vernunfterkenntniß, durch welche die Ausbildung seiner künstlerischen Triebe etwa geleitet worden wäre, ausschließen müssen. Dagegen werden wir uns lediglich an die männliche Kraft seines Charakters zu halten haben, dessen Einfluß auf die Entfaltung des inneren Genius' des Meisters wir zuvor schon alsbald zu berühren hatten.

Wir brachten hier sofort Beethoven mit Haydn und Mozart in Vergleich. Betrachten wir das Leben dieser Beiden, so ergiebt sich, wenn wir diese wieder gegen sich zusammenhalten, ein Uebergang von Haydn durch Mozart zu Beethoven, zunächst in der Richtung der äußeren Bestimmungen des Lebens. Haydn war und blieb ein fürstlicher Bedienter, der für die Unterhaltung seines glanzliebenden Herrn als Musiker zu sorgen hatte; temporäre Unterbrechungen, wie seine Besuche in London, änderten im Charakter der Ausübung seiner Kunst wenig, denn gerade dort auch war er immer nur der vornehmen Herrn empfohlene und von diesen bezahlte Musiker. Submiß und devot, blieb ihm der Frieden eines wohlwollenden, heiteren Gemüthes bis in ein hohes Alter ungetrübt; nur das Auge, welches uns aus seinem Portrait anblickt, ist von einer sanften Melancholie erfüllt. — Mozart's Leben war dagegen ein unausgesetzter Kampf für eine friedlich gesicherte Existenz, wie sie gerade ihm so eigenthümlich erschwert bleiben sollte. Als Kind von halb Europa geliebkos't, findet er als Jüngling jede Befriedigung seiner lebhaft erregten Neigungen bis zur lästigsten Bedrückung erschwert, um von dem Ein-

tritte in das Mannesalter an elend einem frühen Tode entgegenzu=
fiechen. Ihm ward sofort der Musikdienst bei einem fürstlichen
Herrn unerträglich: er sucht sich vom Beifall des größeren Publi=
kums zu ernähren, giebt Konzerte und Akademien; das flüchtig Ge=
wonnene wird der Lebensluft geopfert. Verlangte Haydn's Fürst
stets bereite neue Unterhaltung, so mußte Mozart nicht minder von
Tag zu Tag für etwas Neues sorgen, um das Publikum anzu=
ziehen; Flüchtigkeit in der Konzeption und in der Ausführung nach
angeeigneter Routine, wird ein Haupt=Erklärungsgrund für den
Charakter ihrer Werke. Seine wahrhaft edlen Meisterwerke schrieb
Haydn erst als Greis, im Genusse eines auch durch auswärtigen
Ruhm gesicherten Behagens. Nie gelangte aber Mozart zu diesem:
seine schönsten Werke sind zwischen dem Uebermuthe des Augenblicks
und der Angst der nächsten Stunde entworfen. So stand ihm immer
nur wieder eine reichliche fürstliche Bedienstung als ersehnte Ver=
mittlerin eines dem künstlerischen Produziren günstigeren Lebens
vor der Seele. Was ihm sein Kaiser vorenthält, bietet ihm ein
König von Preußen: er bleibt „seinem Kaiser“ treu, und verkommt
dafür im Elend.

Hätte Beethoven nach kalter Vernunftüberlegung seine
Lebenswahl getroffen, sie hätte ihn im Hinblick auf seine beiden
großen Vorgänger nicht sicherer führen können, als ihn hierbei in
Wahrheit der naive Ausdruck seines angeborenen Charakters be=
stimmte. Es ist erstaunlich zu sehen, wie hier Alles durch den kräf=
tigen Instinkt der Natur entschieden wurde. Ganz deutlich spricht
dieser in Beethoven's Zurückscheuen vor einer Lebenstendenz, wie
derjenigen Haydn's. Ein Blick auf den jungen Beethoven genügte
wohl auch, um jeden Fürsten von dem Gedanken abzubringen, diesen
zu seinem Kapellmeister zu machen. Merkwürdiger zeigt sich dagegen
die Complexion seiner Charakter=Eigenthümlichkeiten in denjenigen
Zügen desselben, welche ihn vor einem Schicksale, wie dem Mozart's,
bewahrten. Gleich diesem völlig besitzlos in einer Welt ausgesetzt,

in welcher nur das Nützliche sich lohnt, das Schöne nur belohnt wird
wenn es dem Genusse schmeichelt, das Erhabene aber durchaus ohne
alle Erwiderung bleiben muß, fand Beethoven zuerst sich davon aus-
geschlossen, durch das Schöne die Welt sich geneigt zu machen. Daß
Schönheit und Weichlichkeit ihm für gleich gelten müßte, drückte seine
physiognomische Constitution sofort mit hinreißender Prägnanz aus.
Die Welt der Erscheinung hatte einen dürftigen Zugang zu ihm.
Sein fast unheimlich stechendes Auge gewahrte in der Außenwelt
nichts wie belästigende Störungen seiner inneren Welt, welche sich
abzuhalten fast seinen einzigen Rapport mit dieser Welt ausmachte.
So wird der Krampf zum Ausdrucke seines Gesichtes: der Krampf
des Trotzes hält diese Nase, diesen Mund in der Spannung, welche
nie zum Lächeln, sondern nur zum ungeheuren Lachen sich lösen kann.
Galt es als physiologisches Axiom für hohe geistige Begabung, daß
ein großes Gehirn in dünner zarter Hirnschale eingeschlossen sein soll,
wie zur Erleichterung eines unmittelbaren Erkennens der Dinge
außer uns; so sahen wir dagegen bei der vor mehreren Jahren statt-
gefundenen Besichtigung der Ueberreste des Todten, in Uebereinstimmung mit einer außerordentlichen Stärke des ganzen Knochen-
baues, die Hirnschale von ganz ungewöhnlicher Dicke und Festigkeit.
So schützte die Natur in ihm ein Gehirn von übermäßiger Zartheit,
damit es nur nach innen blicken, und die Weltschau eines großen
Herzens in ungestörter Ruhe üben könnte. Was diese furchtbar
rüstige Kraft umschloß und bewahrte, war eine innere Welt von so
lichter Zartheit, daß sie, schutzlos der rohen Betastung der Außenwelt
preisgegeben, weich zerflossen und verduftet wäre, — wie der zarte
Licht- und Liebesgenius Mozart's. —

Nun sage man sich, wie ein solches Wesen aus solch wuchtigem
Gehäuse in die Welt blickte! — Gewiß konnten die inneren Willensaffekte dieses Menschen nie, oder nur undeutlich seine Auffassung der
Außenwelt bestimmen; sie waren zu heftig, und zugleich zu zart, um
an einer der Erscheinungen haften zu können, welche sein Blick nur

scheuer Haft, endlich mit jenem Mißtrauen des stets Unbefriedigten
streifte. Hier fesselte ihn selbst nichts mit der flüchtigen Täuschung,
welche noch Mozart aus seiner inneren Welt zur Sucht nach äußerem
Genuß herauslocken konnte. Ein kindisches Behagen an den Zer=
streuungen einer lebenslustigen großen Stadt konnte Beethoven
kaum nur berühren, denn seine Willenstriebe waren viel zu stark,
um in solch oberflächlich buntem Treiben auch nur die mindeste
Sättigung finden zu können. Nährte sich hieraus namentlich seine
Neigung zur Einsamkeit, so fiel diese wieder mit seiner Bestimmung
zur Unabhängigkeit zusammen. Ein bewunderenswerth sicherer In=
stinkt leitete ihn gerade hierin, und ward zur hauptsächlichsten Trieb=
feder der Aeußerungen seines Charakters. Keine Vernunfterkenntniß
hätte ihn dabei deutlicher anweisen können, als dieser unabweisliche
Trieb seines Instinktes. Was Spinoza's Bewußtsein leitete, sich
durch Gläserschleifen zu ernähren; was unseren Schopenhauer mit
der, sein ganzes äußeres Leben, ja unerklärliche Züge seines Charak=
ters bestimmenden Sorge, sein kleines Erbvermögen sich ungeschmälert
zu erhalten, erfüllte, nämlich die Einsicht, daß die Wahrhaftigkeit
jeder philosophischen Forschung durch eine Abhängigkeit von der Nö=
thigung zum Gelderwerb auf dem Wege wissenschaftlicher Arbeiten
ernstlich gefährdet ist: dasselbe bestimmte Beethoven in seinem
Trotze gegen die Welt, in seinem Hange zur Einsamkeit, wie in den
fast rauhen Neigungen, die sich bei der Wahl seiner Lebensweise
aussprachen.

Wirklich hatte sich auch Beethoven durch den Ertrag seiner musi=
kalischen Arbeiten seinen Lebensunterhalt zu gewinnen. Wenn ihn
nun aber nichts reizte, seiner Lebensweise ein anmuthiges Behagen
zu sichern, so ergab sich ihm hieraus eine mindere Nöthigung sowohl
zum schnellen, oberflächlichen Arbeiten, als auch zu Zugeständnissen
an einen Geschmack, dem nur durch das Gefällige beizukommen war.
Je mehr er so den Zusammenhang mit der Außenwelt verlor, desto
klarsichtiger wendete sich sein Blick seiner inneren Welt zu. Je ver=

trauter er sich hier in der Verwaltung seines inneren Reichthums fühlt, desto bewußter stellt er nun seine Forderungen nach außen, und verlangt von seinen Gönnern wirklich, daß sie ihn nicht mehr seine Arbeiten bezahlen, sondern dafür sorgen sollen, daß er über= haupt, unbekümmert um alle Welt, für sich arbeiten könne. Wirklich geschah es zum ersten Male im Leben eines Musikers, daß einige wohlwollende Hochgestellte sich dazu verpflichteten, Beethoven in dem verlangten Sinne unabhängig zu erhalten. An einem ähnlichen Wendepunkte seines Lebens angelangt, war Mozart, zu früh erschöpft, zu Grunde gegangen. Die große ihm erwiesene Wohlthat, wenn sie sich auch nicht in ununterbrochener Dauer und ungeschmälert erhielt, begründete doch die eigenthümliche Harmonie, die sich in des Meisters, wenn auch noch so seltsam gestalteten Leben fortan kundthat. Er fühlte sich als Sieger, und wußte, daß er der Welt nur als freier Mann anzugehören habe. Diese mußte sich ihn gefallen lassen, wie er war. Seine hochadeligen Gönner behandelte er als Despot, und nichts war von ihm zu erhalten, als wozu und wann er Lust hatte.

Aber nie und zu nichts hatte er Lust, als was ihn nun immer und einzig einnahm: das Spiel des Zauberers mit den Gestaltungen seiner inneren Welt. Denn die äußere erlosch ihm nun ganz, nicht etwa weil Erblindung ihn ihres Anblickes beraubte, sondern weil Taubheit sie endlich seinem Ohre ferne hielt. Das Gehör war das einzige Organ, durch welches die äußere Welt noch störend zu ihm drang: für sein Auge war sie längst erstorben. Was sah der ent= zückte Träumer, wenn er durch die buntdurchwimmelten Straßen Wien's wandelte, und offenen Auges vor sich hinstarrte, einzig vom Wachen seiner inneren Tonwelt belebt? — Das Entstehen und Zu= nehmen seines Gehörleidens peinigte ihn furchtbar, und stimmte ihn zu tiefer Melancholie: über die eingetretene völlige Taubheit, nament= lich über den Verlust der Fähigkeit musikalischen Vorträgen zu lauschen, vernehmen wir keine erheblichen Klagen von ihm; nur der

Lebensverkehr war ihm erschwert, der an sich keinen Reiz für ihn hatte, und dem er nun immer entschiedener auswich.

Ein gehörloser Musiker! — Ist ein erblindeter Maler zu denken?

Aber den erblindeten S e h e r kennen wir. Dem Teiresias, dem die Welt der Erscheinung sich verschloſſen, und der dafür nun mit dem inneren Auge den Grund aller Erscheinung gewahrt, — ihm gleicht jetzt der ertäubte Musiker, der ungestört vom Geräusche des Lebens nun einzig noch den Harmonien seines Inneren lauscht, aus seiner Tiefe nur einzig noch zu jener Welt spricht, die ihm — nichts mehr zu sagen hat. So ist der Genius von jedem Außer=sich befreit, ganz bei sich und in sich. Wer Beethoven damals mit dem Blicke des Teiresias gesehen hätte, welches Wunder müßte sich dem erschloſſen haben: eine unter Menschen wandelnde Welt, — das An=sich der Welt als wandelnder Mensch! —

Und nun erleuchtete sich des Musikers Auge von innen. Jetzt warf er den Blick auch auf die Erscheinung, die, durch sein inneres Licht beschienen, in wundervollem Reflexe sich wieder seinem Inneren mittheilte. Jetzt spricht wiederum nur das Wesen der Dinge zu ihm, und zeigt ihm diese in dem ruhigen Lichte der Schönheit. Jetzt ver=steht er den Wald, den Bach, die Wiese, den blauen Aether, die heitre Menge, das liebende Paar, den Gesang der Vögel, den Zug der Wolken, das Brausen des Sturmes, die Wonne der selig bewegten Ruhe. Da durchdringt all sein Sehen und Gestalten diese wunder=bare Heiterkeit, die erst durch ihn der Musik zu eigen geworden ist. Selbst die Klage, so innig ureigen allem Tönen, beschwichtigt sich zum Lächeln: die Welt gewinnt ihre Kindesunschuld wieder. „Mit mir seid heute im Paradiese" — wer hörte sich dieses Erlöserwort nicht zugerufen, wenn er der „Pastoral=Symphonie lauschte?

Jetzt wächst diese Kraft des Gestaltens des Unbegreiflichen, Nie=gesehenen, Nieerfahrenen, welches durch sie aber zur unmittelbarsten Erfahrung von ersichtlichster Begreiflichkeit wird. Die Freude an

3*

der Ausübung dieser Kraft wird zum Humor: aller Schmerz des Daseins bricht sich an diesem ungeheuren Behagen des Spieles mit ihm; der Weltenschöpfer Brahma lacht über sich selbst, da er die Täuschung über sich selbst erkennt; die wiedergewonnene Unschuld spielt scherzend mit dem Stachel der gesühnten Schuld, das befreite Gewissen neckt sich mit seiner ausgestandenen Qual.

Nie hat eine Kunst der Welt etwas so Heiteres geschaffen, als diese Symphonien in A-dur und F-dur, mit allen ihnen so innig verwandten Tonwerken des Meisters aus dieser göttlichen Zeit seiner völligen Taubheit. Die Wirkung hiervon auf den Hörer ist eben diese Befreiung von aller Schuld, wie die Nachwirkung das Gefühl des verscherzten Paradieses ist, mit welchem wir uns wieder der Welt der Erscheinung zukehren. So predigen diese wundervollen Werke Reue und Buße im tiefsten Sinne einer göttlichen Offenbarung.

Hier ist einzig der ästhetische Begriff des Erhabenen anzuwenden: denn eben die Wirkung des Heiteren geht hier sofort über alle Befriedigung durch das Schöne weit hinaus. Jeder Trotz der erkenntnißstolzen Vernunft bricht sich hier sofort an dem Zauber der Ueberwältigung unsrer ganzen Natur; die Erkenntniß flieht mit dem Bekenntniß ihres Irrthumes, und die ungeheure Freude dieses Bekenntnisses ist es, in welcher wir aus tiefster Seele aufjauchzen, so ernsthaft auch die gänzlich gefesselte Miene des Zuhörers sein Erstaunen über die Unfähigkeit unsres Sehens und Denkens gegenüber dieser wahrhaftigsten Welt uns verräth. —

Was konnte von dem menschlichen Wesen des weltentrückten Genius' der Beachtung der Welt noch übrig bleiben? Was konnte das Auge des begegnenden Weltmenschen an ihm noch gewahren? Gewiß nur Mißverständliches, wie er selbst nur durch Mißverständniß mit dieser Welt verkehrte, über welche er, vermöge seiner naiven Großherzigkeit, in einem steten Widerspruche mit sich selbst lag, der immer nur wieder auf dem erhabensten Boden der Kunst sich harmonisch ausgleichen konnte. Denn soweit seine Vernunft die Welt

zu begreifen suchte, fühlte sein Gemüth sich zunächst durch die An=
sichten des Optimismus beruhigt, wie er in den schwärmerischen
Humanitäts=Tendenzen des vorigen Jahrhunderts zu einer Gemein=
annahme der bürgerlich religiösen Welt ausgebildet worden war.
Jeden gemüthlichen Zweifel, der ihm aus den Erfahrungen des
Lebens gegen die Richtigkeit dieser Lehre aufstieß, bekämpfte er mit
ostensibler Dokumentirung religiöser Grundmaximen. Sein Innerstes
sagte ihm: die Liebe ist Gott; und so dekretirte er auch: Gott ist die
Liebe. Nur was mit Emphase an diese Dogmen anstreifte, erhielt
aus unsren Dichtern seinen Beifall; fesselte ihn der „Faust" stets ge=
waltig, so war ihm Klopstock und mancher flachere Humanitäts=
Sänger doch eigentlich besonders ehrwürdig. Seine Moral war von
strengster bürgerlicher Ausschließlichkeit; eine frivole Stimmung brachte
ihn zu Schäumen. Gewiß bot er so selbst dem aufmerksamsten Um=
gange keinen einzigen Zug von Geistreichigkeit dar, und Göthe mag,
trotz Bettina's seelenvollen Phantasien über Beethoven, in seinen
Unterhaltungen mit ihm wohl seine herzliche Noth gehabt haben.
Aber wie er, ohne alles Bedürfniß des Luxus, sparsam, ja oft bis
zur Geizigkeit sorgsam sein Einkommen bewachte, so drückt sich, wie
in diesem Zuge, auch in seiner streng religiösen Moralität der sicherste
Instinkt aus, durch dessen Kraft er sein Edelstes, die Freiheit seines
Genius', gegen die unterjochende Beeinflussung der ihn umgebenden
Welt bewahrte.

Er lebte in Wien, und kannte nur Wien: dies sagt genug.

Der Oestreicher, der nach der Ausrottung jeder Spur des deut=
schen Protestantismus in der Schule romanischer Jesuiten auferzogen
worden war, hatte selbst den richtigen Accent für seine Sprache ver=
loren, welche ihm jetzt, wie die klassischen Namen der antiken Welt,
nur noch in undeutscher Verwelschung vorgesprochen wurde. Deut=
schen Geist, deutsche Art und Sitte, wurden ihm aus Lehrbüchern
spanischer und italienischer Abkunft erklärt; auf dem Boden einer
gefälschten Geschichte, einer gefälschten Wissenschaft, einer gefälschten

Religion, war eine von der Natur heiter und frohmüthig angelegte
Bevölkerung zu jenem Skeptizismus erzogen worden, welcher, da vor
Allem das Haften am Wahren, Aechten und Freien untergraben wer=
den sollte, als wirkliche Frivolität sich zu erkennen geben mußte.

Dies war nun derselbe Geist, der auch der einzigen in Oestreich
gepflegten Kunst, der Musik, die Ausbildung und in Wahrheit ernie=
drigende Tendenz zugeführt hatte, denen wir zuvor bereits unser
Urtheil zuwendeten. Wir sahen, wie Beethoven durch die mächtige
Anlage seiner Natur sich gegen diese Tendenz wahrte, und erkennen
nun die ganz gleiche Kraft in ihm auch mächtig zur Abwehr einer
frivolen Lebens= und Geistestendenz wirken. Katholisch getauft und
erzogen, lebte durch solche Gesinnung der ganze Geist des deutschen
Protestantismus in ihm. Und dieser leitete ihn auch als Künstler
wiederum auf dem Wege, auf welchem er auf den einzigen Genossen
seiner Kunst treffen sollte, dem er ehrfurchtsvoll sich neigen,
den er als Offenbarung des tiefsten Geheimnisses seiner eigenen Na=
tur in sich aufnehmen konnte. Galt Haydn als der Lehrer des
Jünglings, so ward der große Sebastian Bach für das mächtig
sich entfaltende Kunstleben des Mannes sein Führer.

Bach's Wunderwerk ward ihm zur Bibel seines Glaubens; in
ihm las er, und vergaß darüber die Welt des Klanges, die er nun
nicht mehr vernahm. Da stand es geschrieben, das Räthselwort
seines tief innersten Traumes, das einst der arme Leipziger Cantor
als ewiges Symbol der neuen, anderen Welt aufgeschrieben hatte.
Das waren dieselben räthselhaft verschlungenen Linien und wunder=
bar krausen Zeichen, in welchen dem großen Albrecht Dürer das
Geheimniß der vom Lichte beschienenen Welt und ihrer Gestalten auf=
gegangen war, das Zauberbuch des Nekromanten, der das Licht des
Makrokosmos über den Mikrokosmos hinleuchten läßt. Was nur
das Auge des deutschen Geistes erschauen, nur sein Ohr vernehmen
konnte, was ihn aus innerstem Gewahrwerden zu der unwidersteh=
lichen Protestation gegen alles ihm auferlegte äußere Wesen trieb,

das las nun Beethoven klar und deutlich in seinem allerheiligsten
Buche, und — ward selbst ein Heiliger. —

Wie aber konnte gerade dieser Heilige wiederum für das Leben
sich zu seiner eigenen Heiligkeit verhalten, da er wohl erleuchtet war
„die tiefste Weisheit auszusprechen, aber in einer Sprache, welche
seine Vernunft nicht verstand?" Mußte nicht sein Verkehr mit der
Welt nur den Zustand des aus tiefstem Schlafe Erwachten ausdrücken,
der auf den beseligenden Traum seines Inneren sich zu erinnern be-
schwerlich sich abmüht? Einen ähnlichen Zustand dürfen wir bei dem
religiösen Heiligen annehmen, wenn er, vom unerläßlichsten Lebens-
bedürfnisse angetrieben, sich in irgend welcher Annäherung den Ver-
richtungen des gemeinen Lebens wieder zuwendet: nur daß dieser in
der Noth des Lebens selbst deutlich die Sühne für ein sündiges Da-
sein erkennt, und in deren geduldiger Ertragung sogar mit Begeisterung das Mittel der Erlösung ergreift, wogegen jener heilige Seher
den Sinn der Buße einfach als Qual auffaßt, und seine Daseins-
Schuld eben nur als Leidender abträgt. Der Irrthum des Opti-
misten rächt sich nun durch Verstärkung dieser Leiden und seiner
Empfindlichkeit dagegen. Jede ihm begegnende Gefühllosigkeit, jeder
Zug von Selbstsucht oder Härte, den er stets und immer wieder wahrnimmt, empört ihn als eine unbegreifliche Verderbniß der, mit reli-
giösem Glauben in seiner Annahme festgehaltenen, ursprünglichen
Güte des Menschen. So fällt er aus dem Paradiese seiner inneren
Harmonie immer in die Hölle des furchtbar disharmonischen Daseins
zurück, welches er wiederum nur als Künstler endlich harmonisch sich
aufzulösen weiß.

Wollen wir uns das Bild eines Lebenstages unsres Heiligen
vorführen, so dürfte eines jener wunderbaren Tonstücke des Meisters
selbst uns das beste Gegenbild dazu an die Hand geben, wobei wir,
um uns selbst nicht zu täuschen, immer nur das Verfahren festhalten
müßten, mit welchem wir das Phänomen des Traumes analogisch,
nicht aber mit diesem es identifizirend, auf die Entstehung der Musik

als Kunst anwendeten. Ich wähle also, um solch einen ächt Beethoven'=
schen Lebenstag aus seinen innersten Vorgängen uns damit zu
verdeutlichen, das große Cis - moll = Quartett: was bei der
Anhörung desselben uns schwer gelingen würde, weil wir dann jeden
bestimmten Vergleich sofort fahren zu lassen uns genöthigt fühlen
und nur die unmittelbare Offenbarung aus einer anderen Welt ver=
nehmen, ermöglicht sich uns aber doch wohl bis zu einem gewissen
Grade, wenn wir diese Tondichtung uns blos in der Erinnerung
vorführen. Selbst hierbei muß ich aber wiederum der Phantasie des
Lesers allein es überlassen, das Bild in seinen näheren einzelnen
Zügen selbst zu beleben, weshalb ich ihr nur mit einem ganz allge=
meinen Schema zu Hilfe komme.

Das einleitende längere Adagio, wohl das Schwermüthigste,
was je in Tönen ausgesagt worden ist, möchte ich mit dem Erwachen
am Morgen des Tages bezeichnen, „der in seinem langen Lauf nicht
einen Wunsch erfüllen soll, nicht einen!" Doch zugleich ist es ein Buß=
gebet, eine Berathung mit Gott im Glauben an das ewig Gute. —
Das nach innen gewendete Auge erblickt da auch die nur ihm er=
kenntliche tröstliche Erscheinung (Allegro $^6/_8$), in welcher das Ver=
langen zum wehmüthig holden Spiele mit sich selbst wird: das in=
nerste Traumbild wird in einer lieblichsten Erinnerung wach. Und
nun ist es, als ob (mit dem überleitenden kurzen Allegro moderato)
der Meister, seiner Kunst bewußt, sich zu seiner Zauberarbeit zurecht
setzte; die wiederbelebte Kraft dieses ihm eigenen Zaubers übt er nun
(Andante $^2/_4$) an dem Festbannen einer anmuthsvollen Gestalt, um
an ihr, dem seligen Zeugnisse innigster Unschuld, in stets neuer, un=
erhörter Veränderung durch die Strahlenbrechungen des ewigen
Lichtes, welches er darauf fallen läßt, sich rastlos zu entzücken. —
Wir glauben nun den tief aus sich Beglückten den unsäglich erheiter=
ten Blick auf die Außenwelt richten zu sehen (Presto $^2/_2$): da steht
sie wieder vor ihm, wie in der Pastoral=Symphonie; Alles wird ihm
von seinem inneren Glücke beleuchtet; es ist als lausche er dem eige=

nen Tönen der Erscheinungen, die luftig und wiederum derb, im rhythmischen Tanze sich vor ihm bewegen. Er schaut dem Leben zu, und scheint sich (kurzes Adagio ³/₄) zu besinnen, wie er es anfinge, diesem Leben selbst zum Tanze aufzuspielen: ein kurzes, aber trübes Nachsinnen, als versenke er sich in den tiefen Traum seiner Seele. Ein Blick hat ihm wieder das Innere der Welt gezeigt: er erwacht, und streicht nun in die Saiten zu einem Tanzauffspiele, wie es die Welt noch nie gehört (Allegro finale.) Das ist der Tanz der Welt selbst: wilde Lust, schmerzliche Klage, Liebesentzücken, höchste Wonne, Jammer, Rasen, Wolluft und Leid; da zuckt es wie Blitze, Wetter grollen: und über Allem der ungeheure Spielmann, der Alles zwingt und bannt, stolz und sicher vom Wirbel zum Strudel, zum Abgrund geleitet; — er lächelt über sich selbst, da ihm dieses Zaubern doch nur ein Spiel war. — So winkt ihm die Nacht. Sein Tag ist vollbracht. —

Es ist nicht möglich, den Menschen Beethoven für irgend eine Betrachtung fest zu halten, ohne sofort wieder den wunderbaren Musiker Beethoven zu seiner Erklärung heranzuziehen.

Wir ersahen, wie seine instinktive Lebenstendenz mit der Tendenz der Emanzipation seiner Kunst zusammenfiel; wie er selbst kein Diener des Luxus sein konnte, so mußte auch seine Musik von allen Merkmalen der Unterordnung unter einen frivolen Geschmack befreit werden. Wie des weiteren nun wiederum sein religiös opti= mistischer Glaube Hand in Hand mit einer instinktiven Tendenz der Erweiterung der Sphäre seiner Kunst ging, davon haben wir ein Zeugniß von erhabenster Naivetät in seiner neunten Symphonie mit Chören, deren Genesis wir hier näher betrachten müssen, um uns den wundervollen Zusammenhang der bezeichneten Grundten= denzen der Natur unsres Heiligen klar zu machen. —

Derselbe Trieb, der Beethoven's Vernunfterkenntniß leitete, den guten Menschen sich zu construiren, führte ihn in der Herstellung der Melodie dieses guten Menschen. Der Melodie, welche unter der Verwendung der Kunstmusiker ihre Unschuld verloren hatte,

wollte er diese reinste Unschuld wiedergeben. Man rufe sich die ita=
lienische Opernmelodie des vorigen Jahrhunderts zurück, um zu
erkennen, welch gänzlich nur der Mode und ihren Zwecken dienendes
Wesen dieses sonderbar nichtige Ton=Gespenst war: durch sie und
ihre Verwendung war eben die Musik so tief erniedrigt worden, daß
der lüsterne Geschmack von ihr immer nur etwas Neues verlangte,
weil die Melodie von gestern heute nicht mehr anzuhören war. Von
dieser Melodie lebte aber auch zunächst unsre Instrumentalmusik,
deren Verwendung für die Zwecke eines keineswegs edlen gesellschaft=
lichen Lebens wir oben uns bereits vorführten.

Hier war es nun Haydn, der alsbald zur derben und gemüth=
lichen Volkstanzweise griff, die er oft leicht erkenntlich selbst den ihm
zunächst liegenden ungarischen Bauerntänzen entnahm; er blieb
hiermit in einer niederen, vom engeren Lokal=Charakter stark
bestimmten Sphäre. Aus welcher Sphäre war nun aber diese Natur=
melodie zu entnehmen, wenn sie einen edleren, ewigen Charakter
tragen sollte? Denn auch diese Haydn'sche Bauerntanzweise fesselte
mehr als pikante Sonderbarkeit, keineswegs aber als für alle Zeiten
giltiger, rein=menschlicher Kunsttypus. Unmöglich war sie aber aus
den höheren Sphären unserer Gesellschaft zu entnehmen, denn dort
eben herrschte die verzärtelte, verschnörkelte, von jeder Schuld behaftete
Melodie des Opernsängers und Ballettänzers. Auch Beethoven ging
Haydn's Weg; nur verwendete er die Volkstanzweise nicht mehr zur
Unterhaltung an einer fürstlichen Speisetafel, sondern er spielte sie
in einem idealen Sinne dem Volke selbst auf. Bald ist es eine schot=
tische, bald eine russische, eine altfranzösische Volksweise, in welcher
er den erträumten Adel der Unschuld erkannte, und der er huldigend
seine ganze Kunst zu Füßen legte. Mit einem ungarischen Bauern=
tanze spielte er (im Schlußsatze seiner A=dur Symphonie) aber der
ganzen Natur auf, so daß, wer diese darnach tanzen sehen könnte,
im ungeheuren Kreiswirbel einen neuen Planeten vor seinen Augen
entstehen zu sehen glauben müßte.

Aber es galt den Urthpus der Unschuld, den idealen „guten
Menschen" seines Glaubens zu finden, um ihn mit seinem „Gott ist
die Liebe" zu vermählen. Fast könnte man den Meister schon in
seiner „Sinfonia eroica" auf dieser Spur erkennen: das ungemein
einfache Thema des letzten Satzes derselben, welches er zu Verar-
beitungen auch anderswo wieder benützte, schien ihm als Grund-
gerüste hierzu dienen zu sollen; was er an ihm von hinreißendem
Melos aufbaut, gehört aber noch zu sehr dem, von ihm so eigenthümlich entwickelten und erweiterten, sentimentalen Mozartischen
Cantabile an, um als eine Errungenschaft in dem von uns gemeinten
Sinne zu gelten. — Deutlicher zeigt sich die Spur in dem jubelreichen
Schlußsatze der C-moll-Symphonie, wo uns die einfache, fast nur auf
Tonica und Dominante, in der Naturscala der Hörner und Trom-
peten daherschreitende Marschweise um so mehr durch ihre große
Naivetät anspricht, als die vorangehende Symphonie jetzt nur als
eine spannende Vorbereitung auf sie erscheint, wie das bald vom
Sturm, bald von zarten Windeswehen bewegte Gewölf, aus welchem
nun die Sonne mit mächtigen Strahlen hervorbricht.

Zugleich (wir schalten hier diese scheinbare Abschweifung als
von wichtigem Bezug auf den Gegenstand unsrer Untersuchung ein)
fesselt uns aber diese C-moll-Symphonie als eine der selteneren
Konzeptionen des Meisters, in welchen schmerzlich erregte Leiden-
schaftlichkeit, als anfänglicher Grundton, auf der Stufenleiter des
Trostes, der Erhebung, bis zum Ausbruch siegesbewußter Freude
sich aufschwingt. Hier betritt das lyrische Pathos fast schon den
Boden einer idealen Dramatik im bestimmteren Sinne, und, wie es
zweifelhaft dünken dürfte, ob auf diesem Wege die musikalische Konzeption nicht bereits in ihrer Reinheit getrübt werden möchte, weil sie
zur Herbeiziehung von Vorstellungen verleiten müßte, welche an sich
dem Geiste der Musik durchaus fremd erscheinen, so ist andererseits
wiederum nicht zu verkennen, daß der Meister keineswegs durch eine
abirrende ästhetische Spekulation, sondern lediglich durch einen dem

eigenſten Gebiete der Muſik entkeimten, durchaus idealen Inſtinkt
hierin geleitet wurde. Dieſer fiel, wie wir dieß am Ausgangspunkte
dieſer letzten Unterſuchung zeigten, mit dem Beſtreben zuſammen, den
Glauben an die urſprüngliche Güte der menſchlichen Natur gegen
alle, dem bloßen Anſchein zuzuweiſenden Einſprüche der Lebenser=
fahrung, für das Bewußtſein zu retten, oder vielleicht auch wieder zu
gewinnen. Die faſt durchgängig dem Geiſte der erhabenſten Heiter=
keit entſprungenen Konzeptionen des Meiſters gehörten, wie wir dieß
oben erſahen, vorzüglich der Periode jener ſeligen Vereinſamung an,
welche nach dem Eintritt ſeiner völligen Taubheit ihn der Welt des
Leidens gänzlich entrückt zu haben ſchien. Vielleicht haben wir nun
nicht nöthig, auf die wiederum eintretende ſchmerzlichere Stimmung
in einzelnen wichtigſten Konzeptionen Beethoven's die Annahme des
Verfalles jener inneren Heiterkeit zu gründen, da wir ganz gewiß
fehlen würden, wenn wir glauben wollten, der Künſtler könne über=
haupt anders als bei tief innerer Seelenheiterkeit konzipiren. Die
in der Konzeption ſich ausdrückende Stimmung muß daher der Idee
der Welt ſelbſt angehören, welche der Künſtler erfaßt und im Kunſt=
werke verdeutlicht. Da wir nun aber mit Beſtimmtheit annahmen,
daß in der Muſik ſich ſelbſt die Idee der Welt offenbare, ſo iſt der
konzipirende Muſiker vor Allem in dieſer Idee mit enthalten, und
was er ausſpricht iſt nicht ſeine Anſicht von der Welt, ſondern die
Welt ſelbſt, in welcher Schmerz und Freude, Wohl und Wehe wechſeln.
Auch der bewußte Zweifel des M e n ſ c h e n Beethoven war in dieſer
Welt enthalten, und ſo ſpricht er unmittelbar, keineswegs als Objekt
der Reflexion aus ihm, wenn er uns die Welt etwa ſo zum Ausdruck
bringt, wie in ſeiner neunten Symphonie, deren erſter Satz uns
allerdings die Idee der Welt in ihrem grauenvollſten Lichte zeigt.
Unverkennbar waltet aber andrerſeits gerade in dieſem Werke der
überlegt ordnende Wille ſeines Schöpfers; wir begegnen ſeinem
Ausdrucke unmittelbar, als er dem Raſen der, nach jeder Beſchwich=
tigung immer wiederkehrenden Verzweiflung, wie mit dem Angſtrufe

des aus furchtbarem Traume Erwachenden das wirklich gesprochene
Wort zuruft, dessen idealer Sinn kein anderer ist, als: „der Mensch
ist doch gut!"

Von je hat es nicht nur der Kritik, sondern auch dem unbe-
fangenen Gefühle Anstoß gegeben, den Meister hier plötzlich aus der
Musik gewisser Maaßen herausfallen, gleichsam aus dem von ihm
selbst gezogenen Zauberkreis heraustreten zu sehen, um somit an ein
von der musikalischen Konzeption völlig verschiedenes Vorstellungs-
vermögen zu appeliren. In Wahrheit gleicht dieser unerhörte künstlerische Vorgang dem jähen Erwachen aus dem Traume; wir
empfinden aber zugleich die wohlthätige Einwirkung hiervon auf den
durch den Traum auf das Aeußerste Geängstigten; denn nie hatte
zuvor uns ein Musiker die Qual der Welt so grauenvoll endlos
erleben lassen. So war es denn wirklich ein Verzweiflungs-Sprung,
mit dem der göttlich naive, nur von seinem Zauber erfüllte Meister
in die neue Lichtwelt eintrat, aus deren Boden ihm die lange gesuchte
göttlich süße, unschuldsreine Menschenmelodie entgegenblühte.

Auch mit dem soeben bezeichneten ordnenden Willen, der ihn zu
dieser Melodie führte, sehen wir somit den Meister unentwegt in der
Musik, als der Idee der Welt, enthalten; denn in Wahrheit ist es
nicht der Sinn des Wortes, welcher uns beim Eintritte der mensch-
lichen Stimme einnimmt, sondern der Charakter dieser menschlichen
Stimme selbst. Auch die in Schiller's Versen ausgesprochenen
Gedanken sind es nicht, welche uns fortan beschäftigen, sondern der
trauliche Klang des Chorgesanges, an welchem wir selbst einzustimmen
uns aufgefordert fühlen, um, wie in den großen Passionsmusiken
S. Bach's es wirklich mit dem Eintritte des Chorales geschah, als
Gemeinde an dem idealen Gottesdienste selbst mit theilzunehmen.
Ganz ersichtlich ist es, daß namentlich der eigentlichen Hauptmelodie
die Worte Schiller's, sogar mit wenigem Geschick, nothdürftig erst
unterlegt sind; denn ganz für sich, nur von Instrumenten vorgetragen, hat diese Melodie zuerst sich in voller Breite vor uns ent-

wickelt, und uns dort mit der namenlosen Rührung der Freude an dem gewonnenem Paradiese erfüllt.

Nie hat die höchste Kunst etwas künstlerisch Einfacheres hervorgebracht als diese Weise, deren kindliche Unschuld, wenn wir zuerst das Thema im gleichförmigsten Flüstern von den Baßinstrumenten des Saitenorchesters im Unisono vernehmen, uns wie mit heiligen Schauern anweht. Sie wird nun der Cantus firmus, der Choral der neuen Gemeinde, um welchen, wie um den Kirchen-Choral S. Bach's, die hinzutretenden harmonischen Stimmen sich kontrapunktisch gruppiren: nichts gleicht der holden Innigkeit, zu welcher jede neu hinzutretende Stimme diese Urweise reinster Unschuld belebt, bis jeder Schmuck, jede Pracht der gesteigerten Empfindung an ihr und in ihr sich vereinigt, wie die athmende Welt um ein endlich geoffenbartes Dogma reinster Liebe. —

Ueberblicken wir den kunstgeschichtlichen Fortschritt, welchen die Musik durch Beethoven gethan hat, so können wir ihn bündig als den Gewinn einer Fähigkeit bezeichnen, welche man ihr vorher absprechen zu müssen vermeinte: sie ist vermöge dieser Befähigung weit über das Gebiet des ästhetisch Schönen in die Sphäre des durchaus Erhabenen getreten, in welcher sie von jeder Beengung durch traditionelle oder konventionelle Formen, vermöge vollster Durchdringung und Belebung dieser Formen mit dem eigensten Geiste der Musik, befreit ist. Und dieser Gewinn zeigt sich sofort für jedes menschliche Gemüth durch den der Hauptform aller Musik, der Melodie, von Beethoven verliehenen Charakter, als welcher jetzt die höchste Natureinfachheit wiedergewonnen ist, als der Born, aus welchem die Melodie zu jeder Zeit und bei jedem Bedürfnisse sich erneuert, und bis zur höchsten, reichsten Mannigfaltigkeit sich ernährt. Und dieses dürfen wir unter dem einen, Allen verständlichen Begriff fassen: die Melodie ist durch Beethoven von dem Einflusse der Mode und des wechselnden Geschmackes emanzipirt, zum ewig giltigen, rein menschlichen Typus erhoben worden. Beethoven's Musik wird zu jeder

Zeit verstanden werden, während die Musik seiner Vorgänger größtentheils nur unter Vermittelung kunstgeschichtlicher Reflexion uns verständlich bleiben wird. —

Aber noch ein anderer Fortschritt wird auf dem Wege, auf welchem Beethoven die entscheidend wichtige Veredelung der Melodie erzielte, ersichtlich, nämlich die neue Bedeutung, welche jetzt die Vokalmusik in ihrem Verhältniß zur reinen Instrumentalmusik erhält.

Diese Bedeutung war der bisherigen gemischten Vokal= und Instrumentalmusik fremd. Diese, welche wir bisher zunächst in den kirchlichen Kompositionen antreffen, dürfen wir fürs erste unbedenklich als eine verdorbene Vokalmusik ansehen, insofern das Orchester hier nur als Verstärkung oder auch Begleitung der Gesangstimmen verwendet ist. Des großen S. Bach's Kirchenkompositionen sind nur durch den Gesangschor zu verstehen, nur daß dieser selbst hier bereits mit der Freiheit und Beweglichkeit eines Instrumental=Orchesters behandelt wird, welche die Herbeiziehung desselben zur Verstärkung und Unterstützung jenes ganz von selbst eingab. Dieser Vermischung zur Seite treffen wir dann, bei immer größerem Verfalle des Geistes der Kirchenmusik, auf die Einmischung des italienischen Operngesanges mit Begleitung des Orchesters nach den zu verschiedenen Zeiten beliebten Manieren. Beethoven's Genius war es vorbehalten, den aus diesen Mischungen sich bildenden Kunstkomplex rein im Sinne eines Orchesters von gesteigerter Fähigkeit zu verwenden. In seiner großen Missa solemnis haben wir ein rein symphonisches Werk des ächtesten Beethoven'schen Geistes vor uns. Die Gesangstimmen sind hier ganz in dem Sinne wie menschliche Instrumente behandelt, welchen Schopenhauer diesen sehr richtig auch nur zugesprochen wissen wollte: der ihnen untergelegte Text wird von uns, gerade in diesen großen Kirchenkompositionen, nicht seiner begrifflichen Bedeutung nach aufgefaßt, sondern er dient, im Sinne des musikalischen Kunstwerkes, lediglich als Material für den Stimmgesang, und verhält

sich nur deswegen nicht störend zu unsrer musikalisch bestimmten
Empfindung, weil er uns keineswegs Vernunftvorstellungen anregt,
sondern, wie dieß auch sein kirchlicher Charakter bedingt, uns nur
mit dem Eindrucke wohlbekannter symbolischer Glaubensformeln
berührt. ·

Durch die Erfahrung, daß eine Musik nichts von ihrem Charakter
verliert, wenn ihr auch sehr verschiedenartige Texte untergelegt
werden, erhellt sich andrerseits nun das Verhältniß der Musik zur
Dichtkunst als ein durchaus illusorisches: denn es bestätigt sich,
daß, wenn zu einer Musik gesungen wird, nicht der poetische Gedanke,
den man namentlich bei Chorgesängen nicht einmal verständlich
artikulirt vernimmt, sondern höchstens Das von ihm aufgefaßt wird,
was er im Musiker als Musik und zu Musik anregte. Eine Vereinigung der Musik und der Dichtkunst muß daher stets zu einer solchen
Geringstellung der letzteren ausschlagen, daß es nur wieder zu verwundern ist, wenn wir sehen, wie namentlich auch unsre großen
deutschen Dichter das Problem einer Vereinigung der beiden Künste
stets von neuem erwogen, oder gar versuchten. Sie wurden hierbei
ersichtlich von der Wirkung der Musik in der Oper geleitet: und
allerdings schien hier einzig das Feld zu liegen, auf welchem es zu
einer Lösung des Problems führen mußte. Mögen sich nun die
Erwartungen unsrer Dichter einerseits mehr auf die formelle Ab-
gemessenheit ihrer Struktur, andrerseits mehr auf die tief anregende
gemüthliche Wirkung der Musik bezogen haben, immer bleibt es
ersichtlich, daß es ihnen nur in den Sinn kommen konnte, der hier
dargeboten scheinenden mächtigen Hilfsmittel sich zu bedienen, um
der dichterischen Absicht einen sowohl präziseren, als tiefer dringenden
Ausdruck zu geben. Es mochte sie bedünken, daß die Musik ihnen
gern diesen Dienst leisten würde, wenn sie ihr an der Stelle des
trivialen Opernsüjets und Operntextes eine ernstlich gemeinte dichterische Konzeption zuführten. Was sie immer wieder von ernstlichen
Versuchen in dieser Richtung abhielt, mag wohl ein unklarer, aber

richtig geleiteter Zweifel daran gewesen sein, ob die Dichtung, als
solche, in ihrem Zusammenwirken mit der Musik überhaupt noch
beachtet werde. Bei genauem Besinnen durfte es ihnen nicht ent=
gehen, daß in der Oper außer der Musik nur der scenische Vorgang,
nicht aber der ihn erklärende dichterische Gedanke, die Aufmerksamkeit
in Anspruch nahm, und daß die Oper recht eigentlich nur das
Zuhören oder Zusehen abwechselnd auf sich lenkte. Daß weder
für das eine noch für das andere Rezeptionsvermögen eine vollkom=
mene ästhetische Befriedigung zu gewinnen war, erklärt sich offenbar
daraus, daß, wie ich oben dieß bereits bezeichnete, die Opernmusik
nicht zu der, der Musik einzig entsprechenden Andacht umstimmte, in
welcher das Gesicht derart depotenzirt wird, daß das Auge die
Gegenstände nicht mehr mit der gewohnten Intensität wahrnimmt;
wogegen wir eben finden mußten, daß wir hier, von der Musik nur
oberflächlich berührt, durch sie mehr aufgeregt als von ihr erfüllt,
nun auch etwas zu sehen verlangten, — keineswegs aber etwa zu
denken; denn hierfür waren wir, eben durch dieses Widerspiel
des Unterhaltungsverlangens, in Folge einer im tiefsten Grunde
nur gegen die Langeweile ankämpfende Zerstreuung, gänzlich der
Fähigkeit beraubt worden.

Wir haben uns nun durch die vorangehenden Betrachtungen
mit der besonderen Natur Beethoven's genügend vertraut gemacht,
um den Meister in seinem Verhalten zur Oper sofort zu verstehen,
wenn er auf das allerentschiedenste ablehnte, je einen Operntext von
frivoler Tendenz komponiren zu wollen. Ballet, Aufzüge, Feuerwerk,
wollüstige Liebesintriguen u. s. w., dazu eine Musik zu machen, das
wies er mit Entsetzen von sich. Seine Musik mußte eine ganze, hoch=
herzig leidenschaftliche Handlung vollständig durchdringen können.
Welcher Dichter sollte ihm hierzu die Hand zu bieten vermögen? Ein
einmalig angetretener Versuch brachte ihn mit einer dramatischen
Situation in Berührung, die wenigstens nichts von der gehaßten
Frivolität an sich hatte, und außerdem durch die Verherrlichung der

weiblichen Treue dem leitenden Humanitätsdogma des Meisters gut
entsprach. Und doch umschloß dieses Opernsujet so vieles der Musik
Fremde, ihr Unassimilirbare, daß eigentlich nur die große Ouvertüre
zu Leonore uns wirklich deutlich macht, wie Beethoven das Drama
verstanden haben wollte. Wer wird dieses hinreißende Tonstück
anhören, ohne nicht von der Ueberzeugung erfüllt zu werden, daß
die Musik auch das vollkommenste Drama in sich schließe? Was ist
die dramatische Handlung des Textes der Oper „Leonore" anderes,
als eine fast widerwärtige Abschwächung des in der Ouvertüre
erlebten Drama's, etwa wie ein langweilig erläuternder Kommentar
von Gervinus zu einer Scene des Shakespeare?

Diese hier jedem Gefühle sich aufdrängende Wahrnehmung kann
uns aber zur vollkommen klaren Erkenntniß werden, wenn wir auf
die philosophische Erklärung der Musik selbst zurückgehen.

Die Musik, welche nicht die in den Erscheinungen der Welt enthaltenen Ideen darstellt, dagegen selbst eine, und zwar eine um-
fassende Idee der Welt ist, schließt das Drama ganz von selbst in
sich, da das Drama wiederum selbst die einzige der Musik adäquate
Idee der Welt ausdrückt. Das Drama überragt ganz in der Weise
die Schranken der Dichtkunst, wie die Musik die jeder anderen,
namentlich aber der bildenden Kunst, dadurch daß seine Wirkung
einzig im Erhabenen liegt. Wie das Drama die menschlichen Charaktere
nicht schildert, sondern diese unmittelbar sich selbst darstellen läßt, so
giebt uns eine Musik in ihren Motiven den Charakter aller Erscheinungen der Welt nach ihrem innersten An-sich. Die Bewegung,
Gestaltung und Veränderung dieser Motive sind analogisch nicht nur
einzig dem Drama verwandt, sondern das die Idee darstellende
Drama kann in Wahrheit einzig nur durch jene so sich bewegenden,
gestaltenden und sich verändernden Motive der Musik vollkommen klar
verstanden werden. Wir dürften somit nicht irren, wenn wir in der
Musik die aprioristische Befähigung des Menschen zur Gestaltung
des Drama's überhaupt erkennen wollten. Wie wir die Welt der

Erſcheinungen uns durch die Anwendung der Geſetze des Raumes und der Zeit konſtruiren, welche in unſrem Gehirne aprioriſtiſch vor= gebildet ſind, ſo würde dieſe wiederum bewußte Darſtellung der Idee der Welt im Drama durch jene inneren Geſetze der Muſik vorgebildet ſein, welche im Dramatiker eben ſo unbewußt ſich geltend machten, wie jene ebenfalls unbewußt in Anwendung gebrachten Geſetze der Cauſalität für die Apperzeption der Welt der Erſcheinungen.

Die Ahnung hiervon war es eben, was unſere großen deutſchen Dichter einnahm; und vielleicht ſprachen ſie in dieſer Ahnung zugleich den geheimnißvollen Grund der nach anderen Annahmen beſtehenden Unerklärlichkeit S h a k e s p e a r e ' s aus. Dieſer ungeheure Drama= tiker war wirklich nach keiner Analogie mit irgend welchem Dichter zu begreifen, weshalb auch ein äſthetiſches Urtheil über ihn noch gänzlich unbegründet geblieben iſt. Seine Dramen erſcheinen als ein ſo unmittelbares Abbild der Welt, daß die künſtleriſche Vermit= telung in der Darſtellung der Idee ihnen gar nicht anzumerken, und namentlich nicht kritiſch nachzuweiſen iſt, weshalb ſie, als Produkte eines übermenſchlichen Genie's angeſtaunt, unſren großen Dichtern, faſt in derſelben Weiſe wie Naturwunder, zum Studium für das Auffinden der Geſetze ihrer Erzeugung wurden.

Wie weit Shakespeare über den eigentlichen Dichter erhaben war, drückt ſich bei der ungemeinen Wahrhaftigkeit jedes Zuges ſeiner Darſtellungen oft ſchroff genug aus, wenn der Poët, wie z. B. in der Scene des Streites zwiſchen Brutus und Caſſius (im Julius Cäſar), geradeswegs als ein albernes Weſen behandelt wird; wo= gegen wir den vermeintlichen „Dichter" Shakespeare nirgends antreffen als im eigenſten Charakter der Geſtalten ſelbſt, die in ſeinen Dramen ſich vor uns bewegen. — Völlig unvergleichlich blieb daher Shakespeare, bis der deutſche Genius ein nur im Vergleiche mit ihm analogiſch zu erklärendes Weſen in Beethoven hervorbrachte. — Faſſen wir den Komplex der Shakespeare'ſchen Geſtaltenwelt, mit der ungemeinen Prägnanz der in ihr enthaltenen und ſich berührenden

4*

Charaktere, zu einem Gesammteindruck auf unsre innerste Empfindung zusammen, und halten wir zu diesem den gleichen Komplex der Beethoven'schen Motivenwelt mit ihrer unabwehrbaren Eindringlich= keit und Bestimmtheit, so müssen wir inne werden, daß die eine dieser Welten die andere vollkommen deckt, so daß jede in der anderen ent= halten ist, wenngleich sie in durchaus verschiedenen Sphären sich zu bewegen scheinen.

Um diese Vorstellung uns zu erleichtern, führen wir uns in der Ouvertüre zu Coriolan das Beispiel vor, in welchem Beethoven und Shakespeare an dem gleichen Stoffe sich berühren. Sammeln wir uns in der Erinnerung an den Eindruck, welchen die Gestalt des Coriolan in Shakespeare's Drama auf uns machte, und halten wir hierbei für's Erste von dem Detail der komplizirten Handlung nur dasjenige fest, was uns einzig wegen seiner Beziehung zu dem Hauptcharakter eindrucksvoll verbleiben konnte, so werden wir aus allem Gewirre die eine Gestalt des trotzigen Coriolan, im Konflikt mit seiner innersten Stimme, welche wiederum aus der eigenen Mutter lauter und eindringlicher zu seinem Stolze spricht, hervor= ragen sehen, und als dramatische Entwickelung einzig die Ueberwäl= tigung des Stolzes durch jene Stimme, die Brechung des Trotzes einer über das Maaß kräftigen Natur festhalten. Beethoven wählt für sein Drama einzig diese beiden Hauptmotive, welche bestimmter als alle Darlegung durch Begriffe das innerste Wesen jener beiden Charaktere uns empfinden läßt. Verfolgen wir nun andächtig die aus der einzigen Entgegenstellung dieser Motive sich entwickelnde, gänzlich nur ihrem musikalischen Charakter angehörende Bewegung, und lassen wiederum das rein musikalische Detail, welches die Ab= stufungen, Berührungen, Entfernungen und Steigerungen dieser Motive in sich schließt, auf uns wirken, so verfolgen wir zugleich ein Drama, welches in seinem eigenthümlichen Ausdrucke wiederum alles Das enthält, was im vorgeführten Werke des Bühnendichters als komplizirte Handlung und Reibung auch geringerer Charaktere unsre

Theilnahme in Anspruch nahm. Was uns dort als unmittelbar vorgeführte, von uns fast mit erlebte Handlung ergriff, erfaſſen wir hier als den innerſten Kern dieſer Handlung; denn dieſe wurde dort durch die gleich Naturmächten wirkenden Charaktere ſo beſtimmt, wie hier durch die in dieſen Charakteren wirkenden, im innerſten Weſen identiſchen Motive des Muſikers. Nur daß in jener Sphäre j e n e, in dieſer Sphäre d i e ſ e Geſetze der Ausdehnung und Bewegung walten.

Wenn wir die Muſik die Offenbarung des innerſten Traum= bildes vom Weſen der Welt nannten, ſo dürfte uns Shakeſpeare als der im Wachen fortträumende Beethoven gelten. Was ihre beiden Sphären auseinander hält, ſind die formellen Bedingungen der in ihnen giltigen Geſetze der Apperzeption. Die vollendetſte Kunſtform müßte demnach von dem Grenzpunkte aus ſich bilden, auf welchem jene Geſetze ſich zu berühren vermöchten. Was nun Shakeſpeare ſo unbegreiflich, wie unvergleichlich macht, iſt, daß die Formen des Drama's, welche noch die Schauſpiele des großen Calderon bis zur konventionellen Sprödigkeit, als recht eigentliche Künſtlerwerke beſtimmten, von ihm ſo lebenvoll durchdrungen wurden, daß ſie uns wie von der Natur völlig hinweggedrängt erſcheinen: wir glauben nicht mehr künſtlich gebildete, ſondern wirkliche Menſchen vor uns zu ſehen; wogegen ſie wiederum uns ſo wunderbar fern abſtehen, daß wir eine reale Berührung mit ihnen für ſo unmöglich halten müſſen, als wenn wir Geiſtererſcheinungen vor uns hätten. — Wenn nun Beethoven gerade auch in ſeinem Verhalten zu den formalen Geſetzen ſeiner Kunſt, und in der befreienden Durchdringung der= ſelben, Shakeſpeare ganz gleich ſteht, ſo dürften wir den angedeuteten Grenz= oder Uebergangspunkt der beiden bezeichneten Sphären am deutlichſten zu bezeichnen hoffen, wenn wir noch einmal unſren Philoſophen uns zum unmittelbaren Führer nehmen, und zwar indem wir auf den Zielpunkt ſeiner hypothetiſchen Traumtheorie, die Erklärung der Geiſtererſcheinungen zurückgehen.

Es käme hierbei zunächſt nicht auf die metaphyſiſche, ſondern auf

die phyſiologiſche Erklärung des ſogenannten „zweiten Geſichtes" an.
Dort ward das Traumorgan als in dem Theile des Gehirnes fungi=
rend gedacht, welcher durch Eindrücke des mit ſeinen inneren
Angelegenheiten im tiefen Schlafe beſchäftigten Organismus in
analoger Weiſe angeregt werde, wie der, jetzt vollkommen ruhende,
nach außen gewandte, mit den Sinnesorganen unmittelbar verbun=
dene Theil des Gehirnes, durch im Wachen empfangene Eindrücke
der äußeren Welt angeregt wird. Die vermöge dieſes inneren Organs
konzipirte Traummittheilung konnte nur durch einen zweiten, dem
Erwachen unmittelbar vorausgehenden Traum überliefert werden,
welcher den wahrhaftigen Inhalt des erſten nur in allegoriſcher
Form vermitteln konnte, weil hier, beim vorbereiteten und endlich
vor ſich gehenden vollen Erwachen des Gehirnes nach außen, bereits
die Formen der Erkenntniß der Erſcheinungswelt, nach Raum und
Zeit, in Anwendung gebracht werden mußten, und ſomit ein, den
gemeinen Erfahrungen des Lebens durchaus verwandtes Bild zu
konſtruiren war. — Wir verglichen nun das Werk des Muſikers
dem Geſicht der hellſehend gewordenen Somnambule, als das von
ihr erſchaute, und nun im erregteſten Zuſtande des Hellſehens auch
nach außen verkündete, unmittelbare Abbild des innerſten Wahr=
traumes, und fanden den Kanal zu dieſer ſeiner Mittheilung auf
dem Wege der Entſtehung und Bildung der Klangwelt auf. — Zu
dieſem, hier analogiſch angezogenen, phyſiologiſchen Phänomene der
ſomnambulen Hellſichtigkeit halten wir nun das andere des Geiſter=
ſehens, und verwenden hierbei wiederum die hypothetiſche Erklärung
Schopenhauer's, wonach dieſes ein bei wachem Gehirn eintretendes
Hellſehen ſei; nämlich, es gehe dieſes in Folge einer Depotenzirung
des wachen Geſichtes vor ſich, deſſen jetzt umflortes Sehen der innere
Drang zu einer Mittheilung an das dem Wachen unmittelbar nahe
Bewußtſein benutze, um ihm die im innerſten Wahrtraume erſchienene
Geſtalt deutlich vor ſich zu zeigen. Dieſe ſo aus dem Innern vor
das Auge projizirte Geſtalt gehört in keiner Weiſe der realen Welt

der Erscheinung an; dennoch lebt sie vor dem Geisterseher mit all den
Merkmalen eines wirklichen Wesens. Zu diesem, nur in außerordent=
lichen und seltenen Fällen dem inneren Willen gelingenden Projiziren
des nur von ihm erschauten Bildes vor die Augen des Wachenden,
halten wir nun das Werk Shakespeare's, um ihn uns als den Geister=
seher und Geisterbanner zu erklären, der die Gestalten der Menschen
aller Zeiten aus seiner innersten Anschauung sich und uns so vor das
wache Auge zu stellen weiß, daß sie wirklich vor uns zu leben scheinen.

Sobald wir uns nun dieser Analogie mit ihren vollsten Conse=
quenzen bemächtigen, dürfen wir Beethoven, den wir den hellsehenden
Somnambulen verglichen, als den wirkenden Untergrund des Geister
sehenden Shakespeare bezeichnen: was Beethoven's Melodien her=
vorbringt, projizirt auch die Shakespeare'schen Geistergestalten; und
Beide werden sich gemeinschaftlich zu einem und demselben Wesen
durchdringen, wenn wir den Musiker, indem er in die Klangwelt
hervortritt, zugleich in die Lichtwelt eintreten lassen. Dieß geschähe
analog dem physiologischen Vorgange, welcher einerseits Grund der
Geistersichtigkeit wird, andrerseits die somnambule Hellsichtigkeit her=
vorbringt, und bei welchem anzunehmen ist, daß eine innere Anregung
das Gehirn in umgekehrter Weise, als beim Wachen es der äußere
Eindruck thut, von innen nach außen durchdringt, wo sie endlich auf
die Sinnesorgane trifft, und diese bestimmt nach außen das zu ge=
wahren, was als Objekt aus dem Innern hervorgedrungen ist. Nun
bestätigten wir aber die unleugbare Thatsache, daß beim innigen An=
hören einer Musik das Gesicht in der Weise depotenzirt werde, daß es
die Gegenstände nicht mehr intensiv wahrnähme: somit wäre dieß der
durch die innerste Traumwelt angeregte Zustand, welcher, als Depoten=
zirung des Gesichtes, die Erscheinung der Geistergestalt ermöglichte.

Wir können diese hypothetische Erklärung eines anderweitig
unerklärlichen physiologischen Vorganges von verschiedenen Seiten
her für die Erklärung des uns jetzt vorliegenden künstlerischen Pro=
blems anwenden, um zu dem gleichen Ergebniß zu gelangen. Die

Geistergestalten Shakespeare's würden durch das völlige Wachwerden des inneren Musikorganes zum Ertönen gebracht werden, oder auch: Beethoven's Motive würden das depotenzirte Gesicht zum deutlichen Gewahren jener Gestalten begeistern, in welchen verkörpert diese jetzt vor unsrem hellsichtig gewordenen Auge sich bewegten. In dem einen wie dem andern der an sich wesentlich identischen Fälle müßte die ungeheure Kraft, welche hier, gegen die Ordnung der Natur= gesetze, in dem angegebenen Sinne der Erscheinungsbildung von innen nach außen sich bewegte, aus einer tiefsten Noth sich erzeugen, und es würde diese Noth wahrscheinlich dieselbe sein, welche im ge= meinen Lebensvorgange den Angstschrei des aus dem bedrängenden Traumgesicht des tiefen Schlafes plötzlich Erwachenden hervorbringt; nur daß hier, im außerordentlichen, ungeheuren, das Leben des Genius' der Menschheit gestaltenden Falle, die Noth dem Erwachen in einer neuen, durch dieses Erwachen einzig offen zu legenden Welt hellsten Erkennens und höchster Befähigung zuführt.

Dieses Erwachen aus tiefster Noth erleben wir aber bei jenem merkwürdigen, der gemeinen ästhetischen Kritik so anstößig gebliebenen Uebersprunge der Instrumentalmusik in die Vokalmusik, von dessen Erklärung bei der Besprechung der neunten Symphonie Beethoven's wir zu dieser weit ausgreifenden Untersuchung ausgingen. Was wir hierbei empfinden, ist ein gewisses Uebermaß, eine gewaltsame Nöthi= gung zur Entladung nach außen, durchaus vergleichbar dem Drange nach Erwachen aus einem tief beängstigenden Traum; und das Be= deutsame für den Kunstgenius der Menschheit ist, daß dieser Drang hier eine künstlerische That hervorrief, durch welche diesem Genius ein neues Vermögen, die Befähigung zur Erzeugung des höchsten Kunstwerkes zugeführt ist.

Auf dieses Kunstwerk haben wir in dem Sinne zu schließen, daß es das vollendetste Drama, somit ein weit über das Werk der eigentlichen Dichtkunst hinausliegendes sein muß. Hierauf dürfen wir schließen, die wir die Identität des Shakespeare'schen und des

Beethoven'schen Drama's erkannten, von welchem wir andrerseits anzunehmen haben, daß es sich zur „Oper" verhalte, wie ein Shake-speare'sches Stück zu einem Litteratur-Drama, und eine Beethoven'sche Symphonie zu einer Opernmusik.

Daß Beethoven im Verlaufe seiner neunten Symphonie einfach zur förmlichen Chor-Cantate mit Orchester zurückkehrt, hat uns in der Be-urtheilung jenes merkwürdigen Uebersprunges aus der Instrumental- in die Vokalmusik nicht zu beirren; die Bedeutung dieses choralen Theiles der Symphonie haben wir zuvor ermessen, und diese als dem eigensten Felde der Musik angehörig erkannt: in ihm liegt, außer jener eingänglich behandelten Veredelung der Melodie, nichts formell Unerhörtes für uns vor; es ist eine Cantate mit Textworten, zu denen die Musik in kein anderes Verhältniß tritt, als zu jedem anderen Ge-sangstext. Wir wissen, daß nicht die Verse des Textdichters, und wären es die Göthe's und Schiller's, die Musik bestimmen können; dieß vermag allein das Drama, und zwar nicht das dramatische Gedicht, sondern das wirklich vor unsren Augen sich bewegende Drama, als sichtbar ge-wordenes Gegenbild der Musik, wo dann das Wort und die Rede einzig der Handlung, nicht aber dem dichterischen Gedanken mehr angehören.

Nicht also das Werk Beethoven's, sondern jene in ihm enthal-tene unerhörte künstlerische That des Musikers haben wir hier als den Höhepunkt der Entfaltung seines Genius' fest zu halten, indem wir erklären, daß das ganz von dieser That belebte und gebildete Kunstwerk auch die vollendetste Kunstform bieten müßte, nämlich diejenige Form, in welcher, wie für das Drama, so besonders auch für die Musik, jede Konventionalität vollständig aufgehoben sein würde. Dieß wäre dann zugleich auch die einzige, dem in unsrem großen Beethoven so kräftig individualisirten deutschen Geiste durchaus ent-sprechende, von ihm erschaffene rein-menschliche, und doch ihm origi-nal angehörige, neue Kunstform, welche bis jetzt der neueren Welt, im Vergleich zur antiken Welt, noch fehlt.

Es wird demjenigen, der sich zu den hier von mir ausgesprochenen Ansichten im Betreff der Beethoven'schen Musik bestimmen lassen sollte, nicht zu ersparen sein, für phantastisch und überschwenglich gehalten zu werden; und zwar wird ihm dieser Vorwurf nicht nur von unsren heutigen gebildeten und ungebildeten Musikern, welche das von uns gemeinte Traumgesicht der Musik meistens nur unter der Gestalt des Traumes Zettel's im Sommernachtstraum erfahren haben, gemacht werden, sondern namentlich auch von unsren Litteraturpoeten und selbst bildenden Künstlern, insoweit diese sich überhaupt um Fragen, welche ganz von ihrer Sphäre abzuführen scheinen, bekümmern. Leicht müßten wir uns aber dazu entschließen, jenen Vorwurf, selbst wenn er recht geringschätzig, ja mit einem auf Beleidigung berechneten Darüberhinwegsehen uns ausgedrückt würde, ruhig zu ertragen; denn es leuchtet uns ein, daß zunächst Jene gar nicht zu ersehen vermögen, was wir erkennen, wogegen sie im besten Falle genau nur soviel hiervon zu gewahren im Stande sind, als nöthig sein dürfte, um ihnen ihre eigene Unproduktivität erklärlich zu machen: daß sie vor dieser Erkenntniß aber zurückschrecken, muß wiederum uns nicht unverständlich sein.

Führen wir uns den Charakter unsrer jetzigen litterarischen und künstlerischen Oeffentlichkeit vor, so gewahren wir eine merkliche Wandelung, welche seit etwa einem Menschenalter hierin sich zugetragen hat. Es sieht hier Alles nicht nur wie Hoffnung, sondern sogar in einem solchen Grade wie Gewißheit aus, daß die große Periode der deutschen Wiedergeburt, mit ihren Göthe und Schiller, selbst mit einer, immerhin wohltemporirten, Geringschätzung angesehen wird. Dies war vor einem Menschenalter ziemlich anders: es gab sich damals der Charakter unsres Zeitalters unverhohlen für einen wesentlich kritischen aus; man bezeichnete den Zeitgeist als einen „papierenen", und glaubte selbst der bildenden Kunst nur noch in der Zusammenstellung und Verwendung überkommener Typen eine, allerdings

von jeder Originalität entkleidete, lediglich reproduzirende Wirk=
samkeit zusprechen zu dürfen. Wir müssen annehmen, daß man
hierin um jene Zeit wahrhaftiger sah und ehrlicher sich aus=
sprach, als dies heut' zu Tage der Fall ist. Wer daher noch jetzt,
troß des zuversichtlichen Gebahrens unserer Litteraten und lit=
terarischen Bildner, Erbauer, und sonstiger mit dem öffentlichen
Geiste verkehrender Künstler, der Meinung von damals sein
sollte, mit dem dürften wir uns leichter zu verständigen hoffen,
wenn wir die unvergleichliche Bedeutung, welche die Musik für
unsre Kultur=Entwickelung gewonnen hat, in ihr rechtes Licht
zu stellen unternehmen, wofür wir uns schließlich aus dem vor=
züglichen Versenken in die innere Welt, wie sie unsre bisherige
Untersuchung veranlaßte, einer Betrachtung der äußeren Welt
zuwenden, in welcher wir leben, und unter deren Drucke jenes
innere Wesen zu der ihm jetzt eigenen, nach außen reagirenden Kraft
sich ermächtigte.

Um uns hierbei nicht etwa in einem weit gesponnenen kultur=
geschichtlichen Irrgewebe zu verfangen, halten wir sofort einen
charakteristischen Zug des öffentlichen Geistes der unmittelbaren
Gegenwart fest. —

Während die deutschen Waffen siegreich nach dem Centrum der
französischen Civilisation vordringen, regt sich bei uns plötzlich das
Schamgefühl über unsre Abhängigkeit von dieser Civilisation, und
tritt als Aufforderung zur Ablegung der Pariser Modetrachten vor
die Oeffentlichkeit. Dem patriotischen Gefühle erscheint also endlich
Das anstößig, was der ästhetische Schicklichkeits=Sinn der Nation so
lange nicht nur ohne jede Protestation ertragen, sondern dem
unser öffentlicher Geist sogar mit Hast und Eifer nachgestrebt hat.
Was sagte in der That wohl dem Bildner ein Blick auf unsre Oef=
fentlichkeit, welche einerseits nur Stoff zu den Carricaturen unsrer
Witzblätter darbot, während andrerseits wiederum unsre Poeten un=
gestört fortfuhren das „deutsche Weib" zu beglückwünschen? — Wir

meinen über diese so eigenthümlich komplizirte Erscheinung sei wohl
kein Wort der Beleuchtung erst zu verlieren. — Vielleicht könnte sie
aber als ein vorübergehendes Uebel angesehen werden: man könnte
erwarten, das Blut unsrer Söhne, Brüder und Gatten, für den er=
habensten Gedanken des deutschen Geistes auf den mörderischesten
Schlachtfeldern der Geschichte vergossen, müßte unsren Töchtern,
Schwestern und Frauen wenigstens die Wange mit Scham röthen,
und plötzlich müßte eine edelste Noth ihnen den Stolz erwecken, ihren
Männern nicht mehr als Carricaturen der lächerlichsten Art sich vor=
zustellen. Zur Ehre der deutschen Frauen wollen wir nun auch gern
glauben, daß ein würdiges Gefühl in diesem Betreff sie bewege; und
dennoch mußte wohl Jeder lächeln, wenn er von den ersten an sie
gerichteten Aufforderungen, sich eine neue Tracht zuzulegen, Kennt=
niß nahm. Wer fühlte nicht, daß hier nur von einer neuen, und ver=
muthlich sehr ungeschickten Maskerade die Rede sein konnte? Denn
es ist nicht eine zufällige Laune unsres öffentlichen Lebens, daß wir
unter der Herrschaft der Mode stehen, ebenso wie es in der Geschichte
der modernen Civilisation sehr wohl begründet ist, daß die Launen
des Pariser Geschmackes uns die Gesetze der Mode dictiren. Wirklich
ist der französische Geschmack, d. h. der Geist von Paris und Versail=
les, seit zweihundert Jahren das einzige produktive Ferment der
europäischen Bildung gewesen; während der Geist keiner Nation
mehr Kunsttypen zu bilden vermochte, produzirte der französische
Geist wenigstens noch die äußere Form der Gesellschaft, und bis auf
den heutigen Tag die Modetracht.

Mögen diese nun unwürdige Erscheinungen sein, so sind sie doch
dem französischen Geiste original entsprechend; sie drücken ihn ganz
so bestimmt und schnell erkenntlich aus, wie der Italiener der Re=
naissance, die Römer, die Griechen, die Aegypter und Assyrer in ihren
Kunsttypen sich ausgedrückt haben; und durch nichts bezeigen uns
die Franzosen mehr, daß sie das herrschende Volk der heutigen Civi=
lisation sind, als dadurch, daß unsre Phantasie sogleich auf das

Lächerliche geräth, wenn wir uns imaginiren, uns bloß von ihrer
Mode emanzipiren zu wollen. Wir erkennen sogleich, daß eine der
französischen Mode gegenüber gestellte „deutsche Mode" etwas ganz
Absurdes sein würde, und müssen, da sich doch wieder unser Gefühl
gegen jene Herrschaft empört, schließlich einsehen, daß wir einem
wahren Fluche verfallen sind, von welchem uns nur eine unendlich
tief begründete Neugeburt erlösen könnte. Unser ganzes Grundwesen
müßte sich nämlich der Art ändern, daß der Begriff der Mode
selbst für die Gestaltung unseres äußeren Lebens gänzlich sinnlos zu
werden hätte.

Darauf, worin diese Neugeburt bestehen müßte, hätten wir nun
mit großer Vorsicht Schlüsse zu ziehen, wenn wir zuerst den Gründen
des tiefen Verfalles des öffentlichen Kunstgeschmackes nachgeforscht.
Da uns die Anwendung von Analogien schon für den Hauptgegen-
stand unsrer Untersuchungen mit einigem Glücke zu sonst schwierig
zu erlangenden Aufschlüssen leitete, versuchen wir nochmals uns zunächst auf ein anscheinend abliegendes Gebiet der Betrachtung zu
begeben, auf welchem wir aber jedenfalls eine Ergänzung unsrer Ansichten über den plastischen Charakter unsrer Oeffentlichkeit gewinnen
dürften. —

Wollen wir uns ein wahres Paradies von Produktivität des
menschlichen Geistes vorstellen, so haben wir uns in die Zeiten vor
der Erfindung der Schrift und ihrer Aufzeichnung auf Pergament
oder Papier zu versetzen. Wir müssen finden, daß hier das ganze
Kulturleben geboren worden ist, welches jetzt nur noch als Gegenstand des Nachsinnens oder der zweckmäßigen Anwendung sich fort-
erhält. Hier war denn auch die Poesie nichts anderes als wirkliche
Erfindung von Mythen, d. h. von idealen Vorgängen, in welchen
sich das menschliche Leben nach seinem verschiedenen Charakter mit
objektiver Wirklichkeit, im Sinne von unmittelbaren Geistererschei-
nungen, abspiegelte. Die Befähigung hierzu sehen wir jedem edel
gearteten Volke zu eigen, bis zu dem Zeitpunkte, wo der Gebrauch

der Schrift zu ihm gelangt. Von da ab schwindet ihm die poetische
Kraft; die bisher wie im steten Natur=Entwickelungsprozeß lebendig
sich gestaltende Sprache verfällt in den Krystallisationsprozeß und er=
starrt; die Dichtkunst wird zur Kunst der Ausschmückung der alten,
nun nicht mehr neu zu erfindenden Mythen, und endigt als Rhetorik
und Dialektik. — Nun aber vergegenwärtigen wir uns den Ueber=
sprung der Schrift zur Buchdruckerkunst. Aus dem kostbaren geschrie=
benen Buche las der Hausherr der Familie, den Gästen vor; nun
jedoch liest Jeder selbst aus dem gedruckten Buche still für sich, und
für die Leser schreibt jetzt der Schriftsteller. Man muß die religiösen
Sekten der Reformationszeit, ihre Disputate und Traktätlein sich
zurückrufen, um einen Einblick in das Wüthen des Wahnsinns zu ge=
winnen, welcher sich der vom Buchstaben besessenen Menschenköpfe be=
mächtigt hatte. Man kann annehmen, daß nur Luthers herrlicher
Choral den gesunden Geist der Reformation rettete, weil er das
Gemüth bestimmte, und die Buchstaben=Krankheit der Gehirne damit
heilte. Aber noch konnte der Genius eines Volkes mit dem Buch=
drucker sich verständigen, so kläglich ihm der Verkehr auch ankommen
mochte; mit der Erfindung der Zeitungen, seit dem vollen Aufblühen
des Journalwesens, mußte jedoch dieser gute Geist des Volkes sich
gänzlich aus dem Leben zurückziehen. Denn jetzt herrschen nur noch
Meinungen, und zwar „öffentliche"; diese sind für Geld zu haben,
wie die öffentlichen Dirnen: wer eine Zeitung sich hält, hat, neben
der Makulatur, noch ihre Meinung sich angeschafft; er braucht nicht
mehr zu denken, noch zu sinnen; schwarz auf weiß ist bereits für ihn
gedacht, was von Gott und der Welt zu halten sei. So sagt denn
auch das Pariser Modejournal dem „deutschen Weibe", wie es sich
zu kleiden hat; denn in solchen Dingen uns das Richtige sagen zu
dürfen, dazu hat der Franzose sich ein volles Recht erworben, da er
sich zum eigentlichen farbigen Illustrator unsrer Journal=Papier=
Welt aufgeschwungen hat.

Halten wir zu der Umwandlung der poetischen Welt in eine

journal=litterarische Welt jetzt diejenige, welche die Welt als Form und Farbe erfahren hat, so treffen wir nämlich auf das ganz gleiche Ergebniß.

Wer wäre so anmaßend, von sich sagen zu wollen, daß er sich wirklich einen Begriff von der Größe und göttlichen Erhabenheit der plastischen Welt des griechischen Alterthums zu machen vermöge? Jeder Blick auf ein einziges Bruchstück ihrer uns erhaltenen Trüm= mer läßt uns mit Schauer empfinden, daß wir hier vor einem Leben stehen, zu dessen Beurtheilung wir auch noch nicht einmal den min= desten Maaßansatz finden können. Jene Welt hatte sich das Vorrecht erworben, selbst aus ihren Trümmern für alle Zeiten uns darüber zu belehren, wie der übrige Verlauf des Weltenlebens etwa noch er= träglich zu gestalten wäre. Wir danken es den großen Italienern, diese Lehre uns neu belebt, und edelsinnig in unsre neuere Welt hinüber geleitet zu haben. Dieses mit so reicher Phantasie hochbe= gabte Volk sehen wir in der leidenschaftlichen Pflege jener Lehre sich völlig verzehren; nach einem wundervollen Jahrhunderte tritt es wie ein Traum aus der Geschichte, welche von nun an eines verwandt erscheinenden Volkes irrthümlich sich bemächtigt, wie um zu sehen, was aus diesem etwa für Form und Farbe der Welt zu ziehen sein möchte. Die italienische Kunst und Bildung suchte ein kluger Staats= mann und Kirchenfürst dem französischen Volksgeiste einzu= impfen, nachdem diesem Volke der protestantische Geist vollständig ausgetilgt war: seine edelsten Häupter hatte es fallen sehen, und was die Pariser Bluthochzeit verschont, war endlich noch sorgsam bis auf den letzten Stumpf ausgebrannt worden. Mit dem Reste der Nation ward nun „künstlerisch" verfahren; da ihr aber jede Phantasie ab= ging oder ausgegangen war, wollte sich die Produktivität nirgends zeigen, und namentlich blieb sie unfähig eben ein Werk der Kunst zu schaffen. Besser gelang es, den Franzosen selbst zu einem künstlichen Menschen zu machen; die künstlerische Vorstellung, die seiner Phan= tasie nicht einging, konnte zu einer künstlichen Darstellung des ganzen

Menschen an sich selbst gemacht werden. Dies konnte sogar für antik
gelten, nämlich wenn man annahm, daß der Mensch an sich selbst
erst Künstler sein müsse, ehe er Kunstwerke hervorzubringen hätte.
Ging nun ein angebeteter galanter König mit dem rechten Beispiel
einer ungemein delikaten Haltung in Allem und Jedem voran, so
war es leicht, auf der von ihm absteigenden Klimax durch die Hof=
herren hinab, endlich das ganze Volk zur Annahme der galanten
Manieren zu bestimmen, in deren zur zweiten Natur artenden Pflege
der Franzose sich in sofern endlich über den Italiener der Re=
naissance erhaben dünken mochte, als dieser nur Kunstwerke geschaffen,
der Franzose dagegen selbst ein Kunstwerk geworden sei.

Man kann sagen, der Franzose ist das Produkt einer besonderen
Kunst sich auszudrücken, sich zu bewegen und zu kleiden. Sein Gesetz
hierfür ist der „G e s ch m a ck", — ein Wort, das von der niedrigsten
Sinnesfunktion her auf eine geistige Tendenz hingeleitet worden ist;
und mit diesem Geschmacke schmeckt er sich eben selbst, nämlich so, wie
er sich zubereitet hat, als eine schmackhafte Sauce. Unstreitig hat er
es hierin zur Virtuosität gebracht: er ist durch und durch „modern",
und wenn er der ganzen civilisirten Welt sich so zur Nachahmung
vorstellt, ist es nicht s e i n Fehler, wenn er ungeschickt nachgeahmt
wird, wogegen es ihm vielmehr zur steten Schmeichelei gereicht, daß
nur er in d e m original ist, worin Andere ihm nachzuahmen sich be=
stimmt fühlen. — Dieser Mensch ist denn auch völlig „Journal";
ihm ist die bildende Kunst, wie nicht minder die Musik, ein Objekt des
„Feuilleton". Die erstere hat er sich, als durchaus moderner Mensch,
so zurecht gelegt, wie seine Kleidertracht, in welcher er rein nach dem
Belieben der Neuheit, d. h. des stets bewegten Wechsels verfährt.
Hier ist das Ameublement die Hauptsache; zu diesem construirt der
Architekt das Gehäuse. Die Tendenz, nach welcher dieses früher ge=
schah, war bis zur großen Revolution noch in dem Sinne original,
daß sie dem Charakter der herrschenden Klasse der Gesellschaft sich in
der Weise anschmiegte, wie die Kleidertracht den Leibern und die

Frifur den Köpfen derselben. Seitdem ist diese Tendenz in sofern in
Verfall gerathen, als die vornehmeren Klassen sich schüchtern des
Tonangebens in der Mode enthalten, und dagegen die Initiative
hierfür den zur Bedeutung gelangten breiteren Schichten der Bevöl=
kerung (wir fassen immer Paris in das Auge) überlassen haben.
Hier ist denn nun der sogenannte „demi-monde" mit seinen Lieb=
habern zum Tonangeber geworden: die Pariser Dame sucht sich
ihrem Gatten durch Nachahmung der Sitten und Trachten desselben
anziehend zu machen: denn hier ist andrerseits doch Alles noch so
original, daß Sitten und Trachten zu einander gehören und sich er=
gänzen. Von dieser Seite wird nun auf jeden Einfluß auf die bil=
dende Kunst verzichtet, welche endlich gänzlich in die Domäne der
Kunstmodehändler, als Quincaillerie und Tapezierarbeit — fast wie
in den ersten Anfängen der Künste bei nomadischen Völkern — über=
gegangen ist. Der Mode stellt sich, bei dem steten Bedürfnisse nach
Neuheit, da sie selbst nie etwas wirklich Neues produziren kann, der
Wechsel der Extreme als einzige Auskunft zu Gebote: wirklich ist
es diese Tendenz, an welche unsre sonderbar berathenen bildenden
Künstler endlich anknüpfen, um auch edle, natürlich nicht von ihnen
erfundene, Formen der Kunst wieder zum Vorschein zu bringen. Jetzt
wechseln Antike und Roccoco, Gothik und Renaissance unter sich ab;
die Fabriken liefern Laokoon=Gruppen, Chinesisches Porzellan, co=
pirte Raphaele und Murillo's, hetrurische Vasen, mittelalterliche
Teppichgewebe; dazu Meubles à la Pompadour, Stuccaturen à la
Louis XIV.; der Architekt schließt das Ganze in Florentinischen Styl
ein, und setzt eine Ariadne=Gruppe darauf.

Nun wird die „moderne Kunst" ein neues Prinzip auch für den
Aesthetiker: das Originelle derselben ist ihre gänzliche Originalitäts=
losigkeit, und ihr unermeßlicher Gewinn besteht in dem Umsatz aller
Kunststyle, welche nun der gemeinsten Wahrnehmung kenntlich, und
nach beliebigem Geschmack für Jeden verwendbar geworden sind. —
Aber auch ein neues Humanitätsprinzip wird ihr zuerkannt, nämlich

die Demokratisirung des Kunstgeschmackes. Es heißt da: man solle
aus dieser Erscheinung für die Volksbildung Hoffnung schöpfen; denn
nun seien die Kunst und ihre Erzeugnisse nicht mehr bloß für den
Genuß der bevorzugten Classen vorhanden, sondern der geringste
Bürger habe jetzt Gelegenheit, die edelsten Typen der Kunst sich auf
seinem Kamine vor die Augen zu stellen, was selbst dem Bettler am
Schaufenster der Kunstläden noch möglich falle. Jedenfalls solle man
damit zufrieden sein; denn wie, da nun einmal Alles unter einander
vor uns daliege, selbst dem begabtesten Kopfe noch die Erfindung
eines neuen Kunststyles für Bildnerei, wie für Litteratur, ankommen
könnte, das müsse doch geradezu unbegreiflich bleiben. —

Wir dürfen diesem Urtheile nun vollkommen beistimmen; denn
es liegt hier ein Ergebniß der Geschichte von derselben Konsequenz,
wie das unsrer Civilisation überhaupt, vor. Es wäre denkbar, daß
diese Konsequenzen sich abstumpften, nämlich im Untergange unsrer
Civilisation; was ungefähr anzunehmen wäre, wenn alle Geschichte
über den Haufen geworfen würde, wie dieß etwa in den Konsequen=
zen des sozialen Kommunismus liegen müßte, wenn dieser sich der
modernen Welt im Sinne einer praktischen Religion bemächtigen
sollte. Jedenfalls stehen wir mit unsrer Civilisation am Ende aller
wahren Produktivität im Betreff der plastischen Form derselben, und
thun schließlich wohl uns daran zu gewöhnen, auf diesem Gebiete,
auf welchem die antike Welt uns als unerreichbares Vorbild dasteht,
nichts diesem Vorbilde Aehnliches mehr zu erwarten; dagegen wir
uns mit diesem sonderbaren, Manchem ja sogar sehr anerkennungs=
werth dünkenden Ergebnisse der modernen Civilisation vielleicht zu
begnügen haben, und zwar mit demselben Bewußtsein, mit welchem
wir jetzt die Aufstellung einer neuen deutschen Kleidermode für uns,
und namentlich unsre Frauen, als einen vergeblichen Reaktions=
Versuch gegen den Geist unsrer Civilisation erkennen müssen.

Denn so weit unser Auge schweift, beherrscht uns die
Mode. —

Aber neben dieser Welt der Mode ist uns eben gleichzeitig eine andere Welt erstanden. Wie unter der römischen Universal‑Civilisation das Christenthum hervortrat, so bricht jetzt aus dem Chaos der modernen Civilisation die Musik hervor. Beide sagen aus: „unser Reich ist nicht von dieser Welt." Das heißt eben: wir kommen von innen, ihr von außen; wir entstammen dem Wesen, ihr dem Scheine der Dinge.

Erfahre Jeder an sich, wie die ganze moderne Erscheinungswelt, welche ihn überall zu seiner Verzweiflung undurchbrechbar einschließt, plötzlich in Nichts vor ihm verschwindet, sobald ihm nur die ersten Takte einer jener göttlichen Symphonien ertönen. Wie wäre es möglich, in einem heutigen Concertsaale (in welchem Turkos und Zuaven sich allerdings behaglich fühlen würden!) nur mit einiger Andacht dieser Musik zu lauschen, wenn unsrer optischen Wahrnehmung, wie wir dieses Phänomen schon oben berührten, die sichtbare Umgebung nicht verschwände? Dieß ist nun aber, im ernstesten Sinne aufgefaßt, die gleiche Wirkung der Musik unsrer ganzen modernen Civilisation gegenüber; die Musik hebt sie auf, wie das Tageslicht den Lampenschein. —

Es ist schwer, sich deutlich vorzustellen, in welcher Art die Musik von je ihre besondere Macht der Erscheinungswelt gegenüber äußerte. Uns muß es dünken, daß die Musik der Hellenen die Welt der Erscheinung selbst innig durchdrang, und mit den Gesetzen ihrer Wahrnehmbarkeit sich verschmolz. Die Zahlen des Pythagoras sind gewiß nur aus der Musik lebendig zu verstehen; nach den Gesetzen der Eurhythmie baute der Architekt, nach denen der Harmonie erfaßte der Bildner die menschliche Gestalt; die Regeln der Melodik machten den Dichter zum Sänger, und aus dem Chorgesange projizirte sich das Drama auf die Bühne. Wir sehen überall das innere, nur aus dem Geiste der Musik zu verstehende Gesetz, das äußere, die Welt der Anschaulichkeit ordnende Gesetz bestimmen: den ächt antiken dorischen Staat, welchen Platon aus der Philosophie für den Begriff fest zu

5*

halten verſuchte, ja die Kriegsordnung, die Schlacht, leiteten die Geſetze der Muſik mit der Sicherheit wie den Tanz. — Aber das Paradies ging verloren: der Urquell der Bewegung einer Welt verſiechte.
Dieſe bewegte ſich, wie die Kugel auf den erhaltenen Stoß im Wirbel
der Radienſchwingung, doch in ihr bewegte ſich keine treibende
Seele mehr; und ſo mußte auch die Bewegung endlich erlahmen, bis
die Weltſeele neu wieder erweckt wurde.

Der Geiſt des Chriſtenthums war es, der die Seele der Muſik
neu wieder belebte. Sie verklärte das Auge des italieniſchen Malers,
und begeiſterte ſeine Sehkraft, durch die Erſcheinung der Dinge
hindurch auf ihre Seele, den in der Kirche andrerſeits vor-
kommenden Geiſt des Chriſtenthums, zu dringen. Dieſe großen
Maler waren faſt alle Muſiker, und der Geiſt der Muſik iſt es, der
uns beim Verſenken in den Anblick ihrer Heiligen und Märtyrer
vergeſſen läßt, daß wir hier ſ e h e n. — Doch es kam die Herrſchaft
der Mode: wie der Geiſt der Kirche der künſtlichen Zucht der Jeſuiten
verfiel, ſo ward mit der Bildnerei auch die Muſik zur ſeelenloſen
Künſtelei. Wir verfolgten nun an unſrem großen Beethoven den
wundervollen Prozeß der Emanzipation der Melodie aus der Herrſchaft der Mode, und beſtätigten daß er, mit unvergleichlich eigen-
thümlicher Verwendung all des Materiales, welches herrliche Vorgänger mühevoll dem Einfluſſe dieſer Mode entzogen hatten, der
Melodie ihren ewig giltigen Typus, der Muſik ſelbſt ihre unſterb-
liche Seele wiedergegeben habe. Mit der nur ihm eigenen göttlichen
Naivetät, drückt unſer Meiſter ſeinem Siege auch den Stempel des
vollen Bewußtſeins, mit welchem er ihn errungen, auf. In dem
Gedichte Schiller's, welches er ſeinem wunderbaren Schlußſatze der
neunten Symphonie unterlegt, erkannte er vor Allem die Freude der
von der Herrſchaft der „Mode“ befreiten Natur. Betrachten wir die
merkwürdige Auffaſſung, welche er den Worten des Dichters:

„Deine Zauber binden wieder
Was die Mode ſtreng getheilt“

giebt. Wie wir dieß bereits fanden, legte Beethoven die Worte der
Melodie eben nur als Gesangstext, in dem Sinne eines allgemeinen
Zusammenstimmens des Charakters der Dichtung mit dem Geiste
dieser Melodie, unter. Das, was man unter richtiger Deklamation,
namentlich im dramatischen Sinne zu verstehen pflegt, läßt er hierbei
fast gänzlich unbeachtet; so läßt er auch jenen Vers „was die Mode
streng getheilt", bei der Absingung der ersten drei Strophen des Ge-
dichtes ohne jede besondere Hervorhebung der Worte an uns vor-
übergehen. Dann aber, nach unerhörter Steigerung der dithyram-
bischen Begeisterung, faßt er endlich auch die Worte dieses Verses
mit vollem dramatischem Affekte auf, und als er sie in einem fast
wüthend drohenden Unisono wiederholen läßt, ist ihm das Wort „streng"
für seinen zürnenden Ausdruck nicht genügend. Merkwürdig, daß
dieses maßvollere Epitheton für die Aktion der Mode sich auch nur
einer späteren Abschwächung des Dichters verdankt, welcher in der
ersten Ausgabe seines Liedes an die Freude noch hatte drucken
lassen:

„Was der Mode Schwert getheilt!

Dieses „Schwert" schien nun Beethoven wieder nicht das Richtige zu
sagen; es kam ihm, der Mode zugetheilt, zu edel und heroisch vor.
So setzte er denn aus eigener Machtvollkommenheit „f r e ch" hin,
und nun singen wir:

„Was die Mode f r e ch*) getheilt!" —

Kann etwas sprechender sein, als dieser merkwürdige, bis zur Leiden-

---

*) In der übrigens so verdankenswerthen Härtel'schen Gesammtausgabe
der Beethoven'schen Werke ist von einem Mitgliede des an einem andren Orte
von mir charakterisirten musikalischen „Mäßigkeitsvereines", welches die „Kritik"
dieser Ausgabe besorgte, auf S. 260 u. f. der Partitur der neunten Symphonie
dieser so sprechende Zug vertilgt, und für das „frech" der Schott'schen Original-
ausgabe das wohlanständige, sittig = mäßige „streng" eigenmächtig hingestellt
worden. Ein Zufall entdeckte mir soeben diese Fälschung, die, wenn wir über
ihre Motive nachdenken, wohl geeignet ist, uns mit schauerlichen Ahnungen über
das Schicksal der Werke unsres großen Beethoven zu erfüllen, wenn wir sie für
alle Zeiten einer in diesem Sinne progressiv sich ausbildenden Kritik verfallen
sehen müßten. —

schaftlichkeit heftige künstlerische Vorgang? Wir glauben Luther
in seinem Zorne gegen den Papst vor uns zu sehen! —

Gewiß darf es uns erscheinen, daß unsre Civilisation, soweit sie
namentlich auch den künstlerischen Menschen bestimmt, nur aus dem
Geiste unsrer Musik, der Musik, welche Beethoven aus den Banden
der Mode befreite, neu beseelt werden könne. Und die Aufgabe, in
diesem Sinne der vielleicht hierdurch sich gestaltenden neuen, seelen=
volleren Civilisation die sie durchdringende neue Religion zuzuführen,
kann ersichtlich nur dem deutschen Geiste beschieden sein, den wir
selbst erst richtig verstehen lernen, wenn wir jede ihm zugeschriebene
falsche Tendenz fahren lassen.

Wie schwer nun aber die richtige Selbsterkenntniß, namentlich
für eine ganze Nation ist, erfahren wir jetzt zu unsrem wahren
Schrecken an unsrem bisher so mächtigen Nachbarvolke der Franzosen;
und wir mögen daraus eine ernste Veranlassung zur eigenen Selbst=
erforschung nehmen, wofür wir uns glücklicher Weise nur den ernsten
Bemühungen unsrer großen deutschen Dichter anzuschließen haben,
deren Grundstreben, bewußt wie unbewußt, diese Selbsterfor=
schung war.

Es mußte diesen fraglich dünken, wie das so unbeholfen und
schwerfällig sich gestaltende deutsche Wesen neben der so sicher und
leicht bewegten Form unsrer Nachbarn romanischer Herkunft einiger
Maaßen vortheilhaft sich behaupten sollte. Da andrerseits dem deut=
schen Geiste ein unläugbarer Vorzug in der ihm eigenen Tiefe und
Innigkeit des Erfassens der Welt und ihrer Erscheinungen zuzu=
erkennen war, frug es sich immer, wie dieser Vorzug zu einer glück=
lichen Ausbildung des Nationalcharakters, und von hieraus zu einem
günstigen Einfluß auf den Geist und den Charakter der Nachbarvöl=
ker anzuleiten wäre, während bisher, sehr ersichtlicher Weise, Beein=
flussungen dieser Art mehr schädlich als vortheilhaft von dorther auf
uns gewirkt hatten.

Verstehen wir nun die beiden durch das Leben unsres größten

Dichters gleich Hauptadern sich durchziehenden poetischen Grundent=
würfe richtig, so erhalten wir hieraus die vorzüglichste Anleitung
zur Beurtheilung des Problems, welches sofort beim Antritt seiner
unvergleichlichen Dichterlaufbahn diesem freiesten deutschen Menschen
sich darstellte. — Wir wissen, daß die Konzeption des „Faust" und
des „Wilhelm Meister" ganz in die gleiche Zeit des ersten übervollen
Erblühens des Göthe'schen Dichtergenius' fällt. Die tiefe Inbrunst
des ihn erfüllenden Gedankens drängte ihn zunächst zu der Ausfüh=
rung der ersten Anfänge des „Faust": wie vor dem Uebermaaße der
eigenen Konzeption erschreckt, wendete er sich von dem gewaltigen
Vorhaben zu der beruhigenderen Form der Auffassung des Problems
im „Wilhelm Meister". In der Reife des Mannesalters führte er
diesen leicht fließenden Roman auch aus. Sein Held ist der, sichere
und gefällige Form sich suchende deutsche Bürgersohn, der über das
Theater hinweg, durch die adelige Gesellschaft dahin, einem nützlichen
Weltbürgerthume zugeführt wird; ihm ist ein Genius beigegeben,
den er nur oberflächlich versteht: ungefähr so, wie Göthe damals die
Musik verstand, wird von Wilhelm Meister „Mignon" erkannt. Der
Dichter läßt unsre Empfindung es deutlich inne werden, daß an
„Mignon" ein empörendes Verbrechen begangen wird; seinen Helden
jedoch geleitet er über die gleiche Empfindung hinweg, um ihn in
einer, von aller Heftigkeit und tragischen Exzentrizität befreiten
Sphäre, einer schönen Bildung zugeführt zu wissen. Er läßt ihn in einer
Gallerie sich Bilder besehen. Zu Mignon's Tod wird Musik gemacht,
und Robert Schumann hat diese später wirklich auch komponirt. —
Es scheint, daß Schiller von dem letzten Buche des „Wilhelm Meister"
empört war; doch mußte er wohl dem großen Freunde aus seiner
seltsamen Verirrung nicht zu helfen; besonders da er anzunehmen
hatte, Göthe, der eben doch Mignon gedichtet und uns eine wunder=
bar neue Welt mit dieser Schöpfung in das Leben gerufen hatte,
müßte in seinem tiefsten Inneren einer Zerstreuung verfallen sein,
aus welcher es dem Freunde nicht gegeben war, ihn zu erwecken. Nur

Göthe selbst konnte sich aus ihr erwecken; und — er erwachte: denn
im höchsten Alter vollendete er seinen Fauſt. Was ihn je zerſtreute,
faßt er hier in ein Urbild aller Schönheit zuſammen: Helena ſelbſt,
das ganze, volle antike Ideal beschwört er aus dem Schattenreich
herauf, und vermählt ſie ſeinem Fauſt. Aber der Schatten iſt nicht
feſt zu bannen; er verflüchtigt ſich zum davonſchwebenden ſchönen
Gewölk, dem Fauſt in ſinniger, doch ſchmerzloſer Wehmuth nachblickt.
Nur Gretchen konnte ihn erlöſen: aus der Welt der Seligen reicht
die früh Geopferte, unbeachtet in ſeinem tiefſten Inneren ewig innig
Fortlebende, ihm die Hand. Und dürfen wir, wie wir im Laufe
unſrer Unterſuchung die analogiſchen Gleichniſſe aus der Philoſophie
und Phyſiologie heranzogen, jetzt auch dem tiefſten Dichterwerke eine
Deutung für uns zu geben verſuchen, ſo verſtehen wir unter dem:
„Alles Vergängliche iſt nur ein Gleichniß" — den Geiſt der bilden=
den Kunſt, der Göthe ſo lange und vorzüglich nachſtrebte, unter dem:
„Das ewig Weibliche zieht uns hinan" aber den Geiſt der Muſik, der
aus des Dichters tiefſtem Bewußtſein ſich emporſchwang, nun über
ihm ſchwebt, und ihn den Weg der Erlöſung geleitet. —

Und dieſen Weg aus tief innerſtem Erlebniß hat der deutſche
Geiſt ſein Volk zu führen, wenn er die Völker beglücken ſoll, wie er
berufen iſt. Verſpotte uns, wer will, wenn wir dieſe unermeßliche
Bedeutung der deutſchen Muſik beilegen; wir laſſen uns dadurch ſo
wenig irre machen, als das deutſche Volk ſich beirren ließ, da ſeine
Feinde auf einen wohl berechneten Zweifel an ſeiner einmüthigen
Tüchtigkeit hin es beleidigen zu dürfen vermeinten. Auch dieß wußte
unſer großer Dichter, als er nach einer Tröſtung dafür ſucht, daß
ihm die Deutſchen ſo läppiſch und nichtig in ihren, aus ſchlechter
Nachahmung entſprungenen Manieren und Gebahrungen erſcheinen;
ſie heißt: „Der Deutſche iſt tapfer". Und das iſt etwas! —

Sei das deutſche Volk nun auch tapfer im Frieden; hege es
ſeinen wahren Werth, und werfe es den falſchen Schein von ſich:
möge es nie für etwas gelten wollen, was es nicht iſt, und dagegen

Das in sich erkennen, worin es einzig ist. Ihm ist das Gefällige ver=
sagt; dafür ist sein wahrhaftes Dichten und Thun innig und er=
haben. Und nichts kann sich den Siegen seiner Tapferkeit in diesem
wundervollen Jahre 1870 erhebender zur Seite stellen, als das An=
denken an unsren großen Beethoven, der nun vor hundert Jah=
ren dem deutschen Volke geboren wurde. Dort, wohin jetzt unsre
Waffen dringen, an dem Ursitze der „frechen Mode“ hatte sein
Genius schon die edelste Eroberung begonnen: was dort unsre
Denker, unsre Dichter, nur mühsam übertragen, unklar, wie mit un=
verständlichem Laute berührten, das hatte die Beethoven'sche Sym=
phonie schon im tiefsten Inneren erregt: die neue Religion, die welt=
erlösende Verkündigung der erhabensten Unschuld war dort schon
verstanden, wie bei uns.

So feiern wir denn den großen Bahnbrecher in der Wildniß
des entarteten Paradieses! Aber feiern wir ihn würdig, — nicht
minder würdig als die Siege deutscher Tapferkeit: denn dem Welt=
beglücker gehört der Rang noch vor dem Welteroberer!

Druck von C. G. Naumann in Leipzig.

Music and Books published by Travis & Emery Music Bookshop:

Anon.: Hymnarium Sarisburiense, cum Rubricis et Notis Musicis.

Anon.: Säcularfeier des Geburtstages von Ludwig van Beethoven

Agricola, Johann Friedrich from Tosi: Anleitung zur Singkunst.

Bach, C.P.E.: edited W. Emery: Nekrolog or Obituary Notice of J.S. Bach.

Bateson, Naomi Judith: Alcock of Salisbury

Bathe, William: A Briefe Introduction to the Skill of Song

Bax, Arnold: Symphony #5, Arranged for Piano Four Hands by Walter Emery

Burney, Charles: The Present State of Music in France and Italy

Burney, Charles: The Present State of Music in Germany, The Netherlands …

Burney, Charles: An Account of the Musical Performances ... Handel

Burney, Karl: Nachricht von Georg Friedrich Handel's Lebensumstanden.

Burns, Robert: The Caledonian Musical Museum ..The Best Scotch Songs. (1810)

Cobbett, W.W.: Cobbett's Cyclopedic Survey of Chamber Music. (2 vols.)

Corrette, Michel: Le Maitre de Clavecin

Crimp, Bryan: Dear Mr. Rosenthal … Dear Mr. Gaisberg …

Crimp, Bryan: Solo: The Biography of Solomon

Crotch, William: Substance of Several Courses of Lectures on Music

d'Indy, Vincent: Beethoven: Biographie Critique

d'Indy, Vincent: Beethoven: A Critical Biography

d'Indy, Vincent: César Franck (in French)

Fischhof, Joseph: Versuch einer Geschichte des Clavierbaues. (Faksimile 1853).

Frescobaldi, Girolamo: D'Arie Musicali per Cantarsi. Primo & Secondo Libro.

Geminiani, Francesco: The Art of Playing the Violin.

Handel; Purcell; Boyce; Geene et al: Calliope or English Harmony: Volume First.

Häuser: Musikalisches Lexikon. 2 vols in one.

Hawkins, John: A General History of the Science and Practice of Music (5 vols.)

Herbert-Caesari, Edgar: The Science and Sensations of Vocal Tone

Herbert-Caesari, Edgar: Vocal Truth

Hopkins and Rimboult: The Organ. Its History and Construction.

Hunt, John: - see separate list of discographies at the end of these titles

Isaacs, Lewis: Hänsel and Gretel. A Guide to Humperdinck's Opera.

Isaacs, Lewis: Königskinder (Royal Children) A Guide to Humperdinck's Opera.

Kastner: Manuel Général de Musique Militaire

Lacassagne, M. l'Abbé Joseph : Traité Général des élémens du Chant.

Lascelles (née Catley), Anne: The Life of Miss Anne Catley.

Mainwaring, John: Memoirs of the Life of the Late George Frederic Handel

Malcolm, Alexander: A Treaty of Music: Speculative, Practical and Historical

Marx, Adolph Bernhard: Die Kunst des Gesanges, Theoretisch-Practisch

May, Florence: The Life of Brahms

May, Florence: The Girlhood Of Clara Schumann: Clara Wieck And Her Time.

Mellers, Wilfrid: Angels of the Night: Popular Female Singers of Our Time

Mellers, Wilfrid: Bach and the Dance of God

Mellers, Wilfrid: Beethoven and the Voice of God

Mellers, Wilfrid: Caliban Reborn - Renewal in Twentieth Century Music

Mellers, Wilfrid: Darker Shade of Pale, A Backdrop to Bob Dylan

Music and Books published by Travis & Emery Music Bookshop:

Mellers, Wilfrid: François Couperin and the French Classical Tradition
Mellers, Wilfrid: Harmonious Meeting
Mellers, Wilfrid: Le Jardin Retrouvé, The Music of Frederic Mompou
Mellers, Wilfrid: Music and Society, England and the European Tradition
Mellers, Wilfrid: Music in a New Found Land: ... ... American Music
Mellers, Wilfrid: Romanticism and the Twentieth Century (from 1800)
Mellers, Wilfrid: The Masks of Orpheus: ...... the Story of European Music.
Mellers, Wilfrid: The Sonata Principle (from c. 1750)
Mellers, Wilfrid: Vaughan Williams and the Vision of Albion
Panchianio, Cattuffio: Rutzvanscad Il Giovine
Pearce, Charles: Sims Reeves, Fifty Years of Music in England.
Playford, John: An Introduction to the Skill of Musick.
Purcell, Henry et al: Harmonia Sacra ... The First Book, (1726)
Purcell, Henry et al: Harmonia Sacra ... Book II (1726)
Quantz, Johann: Versuch einer Anweisung die Flöte trave rsiere zu spielen.
Rameau, Jean-Philippe: Code de Musique Pratique, ou Methodes.
Rameau, Jean-Philippe: Erreurs sur La Musique dans l'Encyclopédie
Rastall, Richard: The Notation of Western Music.
Rimbault, Edward: The Pianoforte, Its Origins, Progress, and Construction.
Rousseau, Jean Jacques: Dictionnaire de Musique
Rubinstein, Anton : Guide to the proper use of the Pianoforte Pedals.
Sainsbury, John S.: Dictionary of Musicians. (1825). 2 vols.
Serré de Rieux, Jean de : Les dons des Enfans de Latone
Simpson, Christopher: A Compendium of Practical Musick in Five Parts
Spohr, Louis: Autobiography
Spohr, Louis: Grand Violin School
Tans'ur, William: A New Musical Grammar; or The Harmonical Spectator
Terry, Charles Sanford: Bach's Chorals – Parts 1, 2 and 3.
Terry, Charles Sanford: John Christian Bach
Terry, Charles Sanford: J.S. Bach's Original Hymn-Tunes for Congregational Use.
Terry, Charles Sanford: Four-Part Chorals of J.S. Bach. (German & English)
Terry, Charles Sanford: Joh. Seb. Bach, Cantata Texts, Sacred and Secular.
Terry, Charles Sanford: The Origins of the Family of Bach Musicians.
Tosi, Pierfrancesco: Opinioni de' Cantori Antichi, e Moderni
Tosi, Pierfrancesco: Observations on the Florid Song.
Van der Straeten, Edmund: History of the Violoncello, The Viol da Gamba ...
Van der Straeten, Edmund: History of the Violin, Its Ancestors... (2 vols.)
Walther, J. G. [Waltern]: Musicalisches Lexikon [Musikalisches Lexicon]
Wagner, Richard: Beethoven (Leipzig 1870)
Wagner, Richard: Lebens-Bericht (Leipzig 1884)
Wagner, Richard: The Musaic of the Future (Translated by E. Dannreuther).
Zwirn, Gerald: Stranded Stories From The Operas

Travis & Emery Music Bookshop
17 Cecil Court, London, WC2N 4EZ, United Kingdom.
Tel. (+44) 20 7240 2129
© Travis & Emery 2010

Discographies by Travis & Emery:
Discographies by John Hunt.

1987: 978-1-906857-14-1: From Adam to Webern: the Recordings of von Karajan.

1991: 978-0-951026-83-0: 3 Italian Conductors and 7 Viennese Sopranos: 10 Discographies: Arturo Toscanini, Guido Cantelli, Carlo Maria Giulini, Elisabeth Schwarzkopf, Irmgard Seefried, Elisabeth Gruemmer, Sena Jurinac, Hilde Gueden, Lisa Della Casa, Rita Streich.

1992: 978-0-951026-85-4: Mid-Century Conductors and More Viennese Singers: 10 Discographies: Karl Boehm, Victor De Sabata, Hans Knappertsbusch, Tullio Serafin, Clemens Krauss, Anton Dermota, Leonie Rysanek, Eberhard Waechter, Maria Reining, Erich Kunz.

1993: 978-0-951026-87-8: More 20th Century Conductors: 7 Discographies: Eugen Jochum, Ferenc Fricsay, Carl Schuricht, Felix Weingartner, Josef Krips, Otto Klemperer, Erich Kleiber.

1994: 978-0-951026-88-5: Giants of the Keyboard: 6 Discographies: Wilhelm Kempff, Walter Gieseking, Edwin Fischer, Clara Haskil, Wilhelm Backhaus, Artur Schnabel.

1994: 978-0-951026-89-2: Six Wagnerian Sopranos: 6 Discographies: Frieda Leider, Kirsten Flagstad, Astrid Varnay, Martha Moedl, Birgit Nilsson, Gwyneth Jones.

1995: 978-0-952582-70-0: Musical Knights: 6 Discographies: Henry Wood, Thomas Beecham, Adrian Boult, John Barbirolli, Reginald Goodall, Malcolm Sargent.

1995: 978-0-952582-71-7: A Notable Quartet: 4 Discographies: Gundula Janowitz, Christa Ludwig, Nicolai Gedda, Dietrich Fischer-Dieskau.

1996: 978-0-952582-75-5: Leopold Stokowski (1882-1977): Discography and Concert Register

1996: 978-0-952582-76-2: Makers of the Philharmonia: 11 Discographies: Alceo Galliera, Walter Susskind, Paul Kletzki, Nicolai Malko, Issay Dobrowen, Lovro Von Matacic, Efrem Kurtz, Otto Ackermann, Anatole Fistoulari, George Weldon, Robert Irving.

1996: 978-0-952582-72-4: The Post-War German Tradition: 5 Discographies: Rudolf Kempe, Joseph Keilberth, Wolfgang Sawallisch, Rafael Kubelik, Andre Cluytens.

1996: 978-0-952582-73-1: Teachers and Pupils: 7 Discographies: Elisabeth Schwarzkopf, Maria Ivoguen, Maria Cebotari, Meta Seinemeyer, Ljuba Welitsch, Rita Streich, Erna Berger.

1996: 978-0-952582-75-5: Leopold Stokowski: Discography and Concert Listing.

1996: 978-0-952582-76-2: Makers of the Philharmonia: 11 Discographies Alceo Galliera, Walter Susskind, Paul Kletzki, Nicolai Malko, Issay Dobrowen, Lovro Von Matacic, Efrem Kurtz, Otto Ackermann, Anatole Fistoulari, George Weldon, Robert Irving.

1996: 978-0-952582-77-9: Tenors in a Lyric Tradition: 3 Discographies: Peter Anders, Walther Ludwig, Fritz Wunderlich.

1997: 978-0-952582-78-6: The Lyric Baritone: 5 Discographies: Hans Reinmar, Gerhard Huesch, Josef Metternich, Hermann Uhde, Eberhard Waechter.

1997: 978-0-952582-79-3: Hungarians in Exile: 3 Discographies: Fritz Reiner, Antal Dorati, George Szell.

1997: 978-1-901395-00-6: The Art of the Diva: 3 Discographies: Claudia Muzio, Maria Callas, Magda Olivero.

1997: 978-1-901395-01-3: Metropolitan Sopranos: 4 Discographies: Rosa Ponselle, Eleanor Steber, Zinka Milanov, Leontyne Price.

1997: 978-1-901395-02-0: Back From The Shadows: 4 Discographies: Willem Mengelberg, Dimitri Mitropoulos, Hermann Abendroth, Eduard Van Beinum.

1997: 978-1-901395-03-7: More Musical Knights: 4 Discographies: Hamilton Harty, Charles Mackerras, Simon Rattle, John Pritchard.

1998: 978-1-901395-95-2: More Giants of the Keyboard: 5 Discographies: Claudio Arrau, Gyorgy Cziffra, Vladimir Horowitz, Dinu Lipatti, Artur Rubinstein.

1998: 978-1-901395-94-5: Conductors On The Yellow Label: 8 Discographies: Fritz Lehmann, Ferdinand Leitner, Ferenc Fricsay, Eugen Jochum, Leopold Ludwig, Artur Rother, Franz Konwitschny, Igor Markevitch.

1998: 978-1-901395-96-9: Mezzo and Contraltos: 5 Discographies: Janet Baker, Margarete Klose, Kathleen Ferrier, Giulietta Simionato, Elisabeth Hoengen.

1999: 978-1-901395-97-6: The Furtwaengler Sound Sixth Edition: Discography and Concert Listing.

1999: 978-1-901395-98-3: The Great Dictators: 3 Discographies: Evgeny Mravinsky, Artur Rodzinski, Sergiu Celibidache.

1999: 978-1-901395-99-0: Sviatoslav Richter: Pianist of the Century: Discography.

2000: 978-1-901395-04-4: Philharmonic Autocrat 1: Discography of: Herbert Von Karajan [Third Edition].

2000: 978-1-901395-05-1: Wiener Philharmoniker 1 - Vienna Philharmonic and Vienna State Opera Orchestras: Discography Part 1 1905-1954.

2000: 978-1-901395-06-8: Wiener Philharmoniker 2 - Vienna Philharmonic and Vienna State Opera Orchestras: Discography Part 2 1954-1989.

2001: 978-1-901395-07-5: Gramophone Stalwarts: 3 Separate Discographies: Bruno Walter, Erich Leinsdorf, Georg Solti.

2001: 978-1-901395-08-2: Singers of the Third Reich: 5 Discographies: Helge Roswaenge, Tiana Lemnitz, Franz Voelker, Maria Mueller, Max Lorenz.

2001: 978-1-901395-09-9: Philharmonic Autocrat 2: Concert Register of Herbert Von Karajan Second Edition.

2002: 978-1-901395-10-5: Sächsische Staatskapelle Dresden: Complete Discography.

2002: 978-1-901395-11-2: Carlo Maria Giulini: Discography and Concert Register.

2002: 978-1-901395-12-9: Pianists For The Connoisseur: 6 Discographies: Arturo Benedetti Michelangeli, Alfred Cortot, Alexis Weissenberg, Clifford Curzon, Solomon, Elly Ney.

2003: 978-1-901395-14-3: Singers on the Yellow Label: 7 Discographies: Maria Stader, Elfriede Troetschel, Annelies Kupper, Wolfgang Windgassen, Ernst Haefliger, Josef Greindl, Kim Borg.

2003: 978-1-901395-15-0: A Gallic Trio: 3 Discographies: Charles Muench, Paul Paray, Pierre Monteux.

2004: 978-1-901395-16-7: Antal Dorati 1906-1988: Discography and Concert Register.

2004: 978-1-901395-17-4: Columbia 33CX Label Discography.

2004: 978-1-901395-18-1: Great Violinists: 3 Discographies: David Oistrakh, Wolfgang Schneiderhan, Arthur Grumiaux.

2006: 978-1-901395-19-8: Leopold Stokowski: Second Edition of the Discography.

2006: 978-1-901395-20-4: Wagner Im Festspielhaus: Discography of the Bayreuth Festival.

2006: 978-1-901395-21-1: Her Master's Voice: Concert Register and Discography of Dame Elisabeth Schwarzkopf [Third Edition].

2007: 978-1-901395-22-8: Hans Knappertsbusch: Kna: Concert Register and Discography of Hans Knappertsbusch, 1888-1965. Second Edition.

2008: 978-1-901395-23-5: Philips Minigroove: Second Extended Version of the European Discography.

2009: 978-1-901395-24-2: American Classics: The Discographies of Leonard Bernstein and Eugene Ormandy.

2010: 978-1-901395-25-9: Dirigenten der DDR: Conductors of the German Democratic Republic

Discography by Stephen J. Pettitt, edited by John Hunt:

1987: 978-1-906857-16-5: Philharmonia Orchestra: Complete Discography 1945-1987

Available from: Travis & Emery at 17 Cecil Court, London, UK. (+44) 20 7 240 2129. email on sales@travis-and-emery.com .

www.ingramcontent.com/pod-product-compliance
Lightning Source LLC
Chambersburg PA
CBHW071421040426
42445CB00012BA/1241